十三歳のあなたへ

一九四五・八・七　「豊川海軍工廠」の悲劇　改訂版

前芝中学校校門脇に立つ、豊川工廠戦没学徒之碑の裏面に刻まれた学徒氏名。

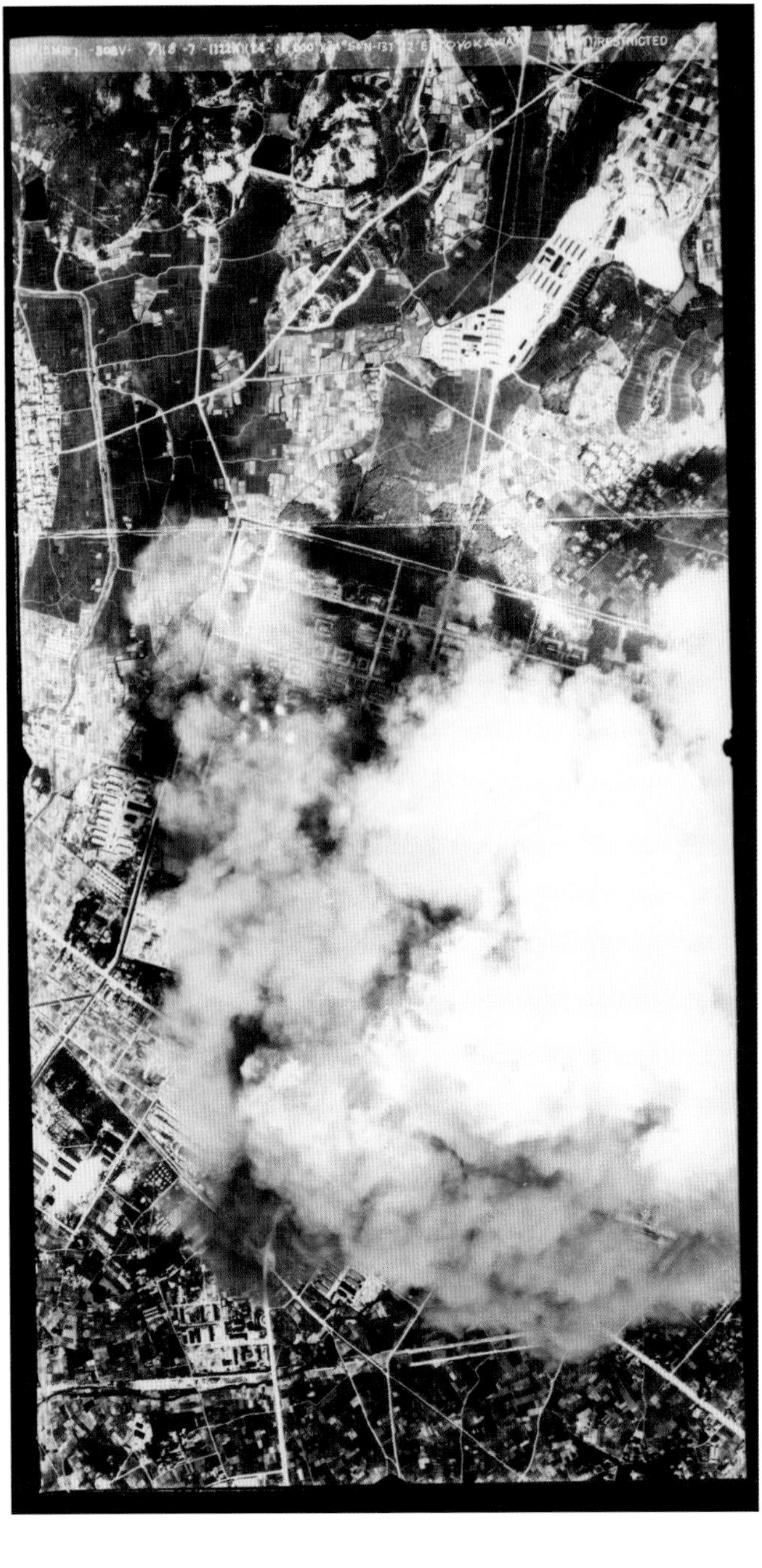
RESTRICTED

右頁／米軍が撮影した豊川海軍工廠爆撃の様子（国立国会図書館蔵、原資料・米国国立公文書館）

左頁／「豊橋関屋川岸から見た豊川海軍工廠爆撃開始直後の図」
太田幸市（当時中学一年生）
（県立豊橋工業高等学校蔵）

「豊川海軍工廠被爆絵図」
古川訓夫
機銃部から火工部周辺にかけて、断片的な記憶を部分絵画にした。（豊川市桜ヶ丘ミュージアム蔵）

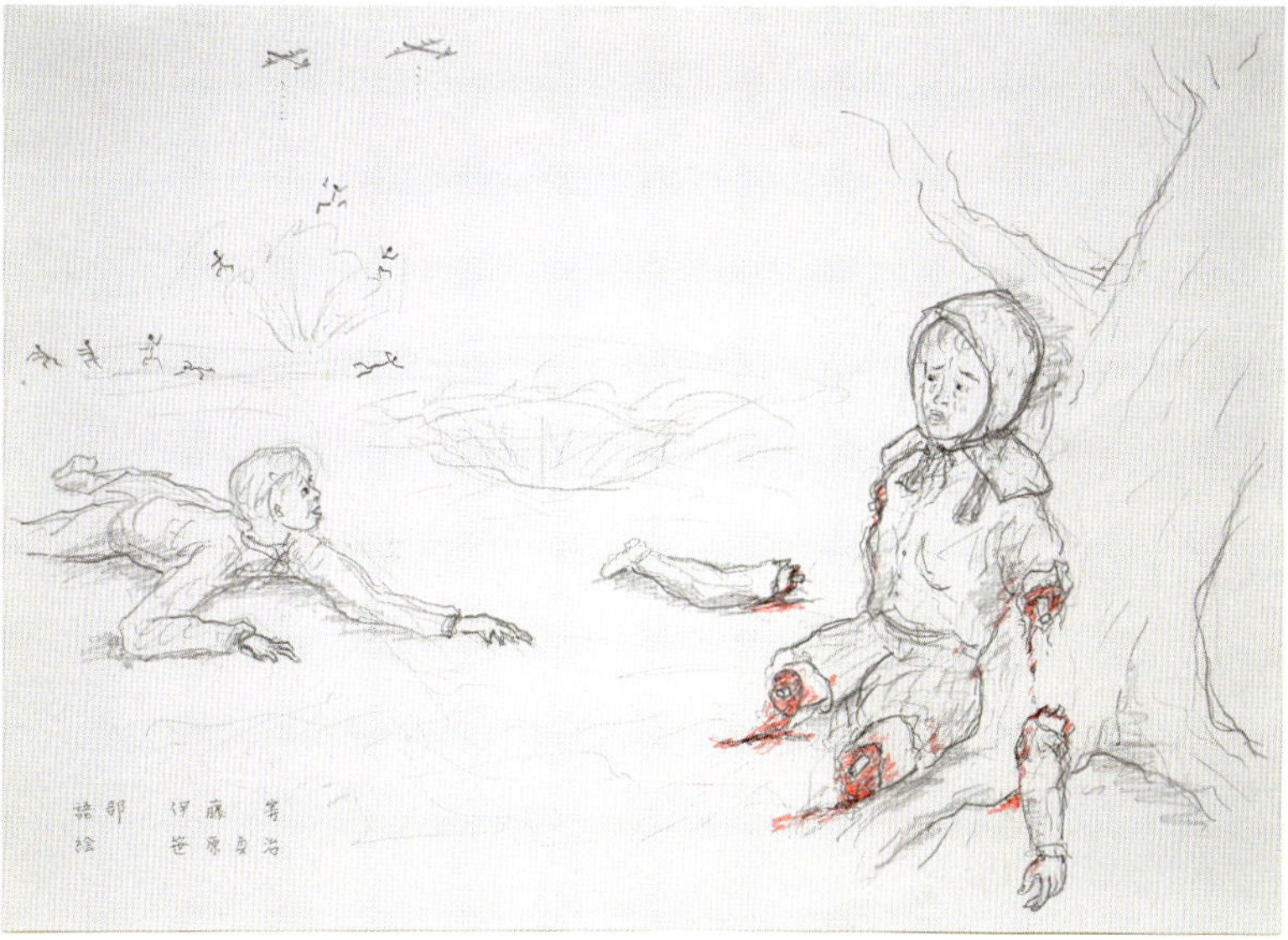

体験談・伊藤 等
絵・笹原貞治
地を這《は》い、身を低くして逃げる途中出会った、だるま(手足のない)の様になった二十歳位の女性。自分の生死を悟ったような、淋しそうな目だった気がした。
体験談をもとに作画(豊川市桜ヶ丘ミュージアム蔵)

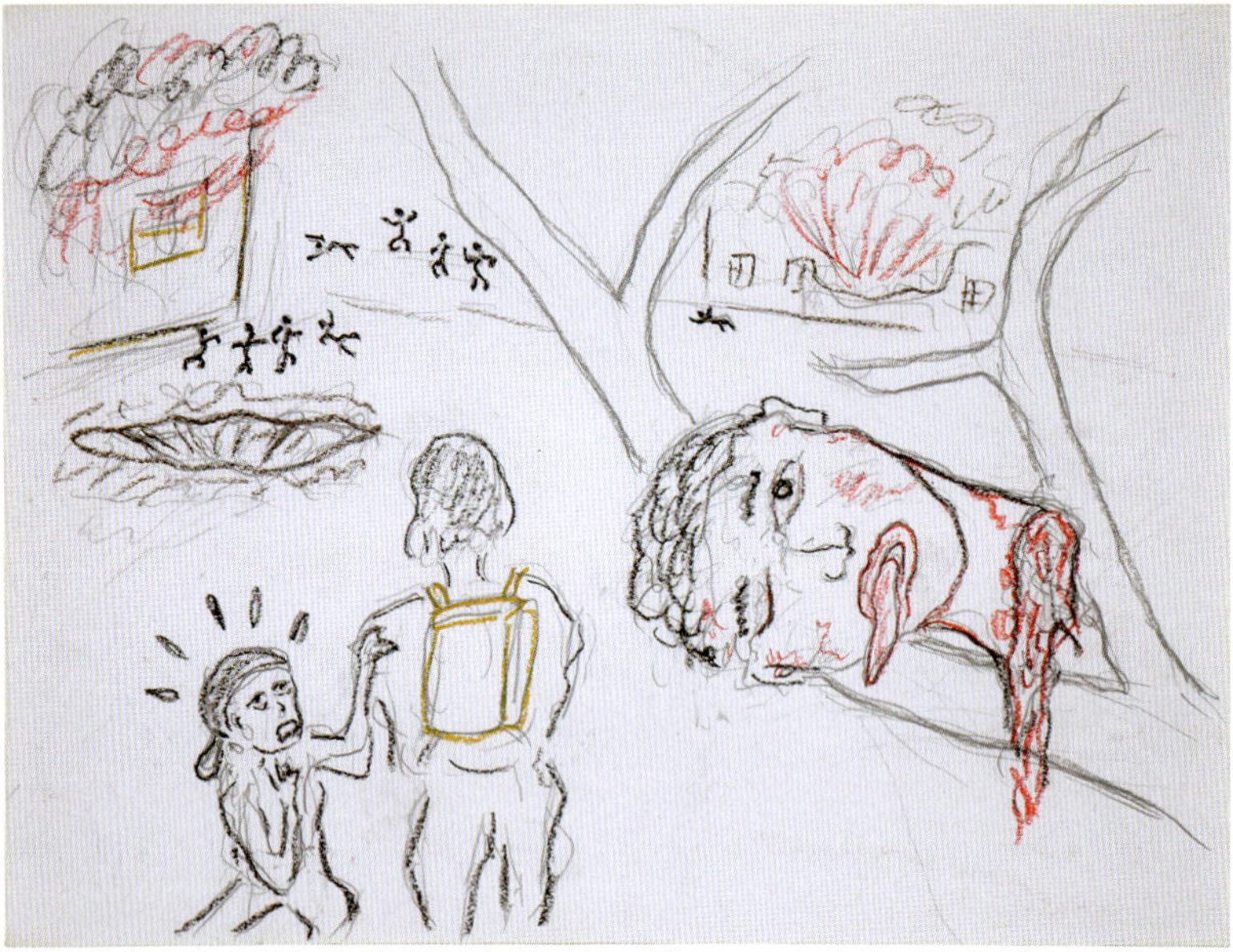

体験談・杉山二三子
絵・笹原貞治
逃げまどう最中、人間の首だけが、木の枝に引っかかっていた。口から舌が長く垂れ下がっていたのが忘れられない。この世の地獄を見ているような気持ちだった。
体験談をもとに作画（豊川市桜ヶ丘ミュージアム蔵）

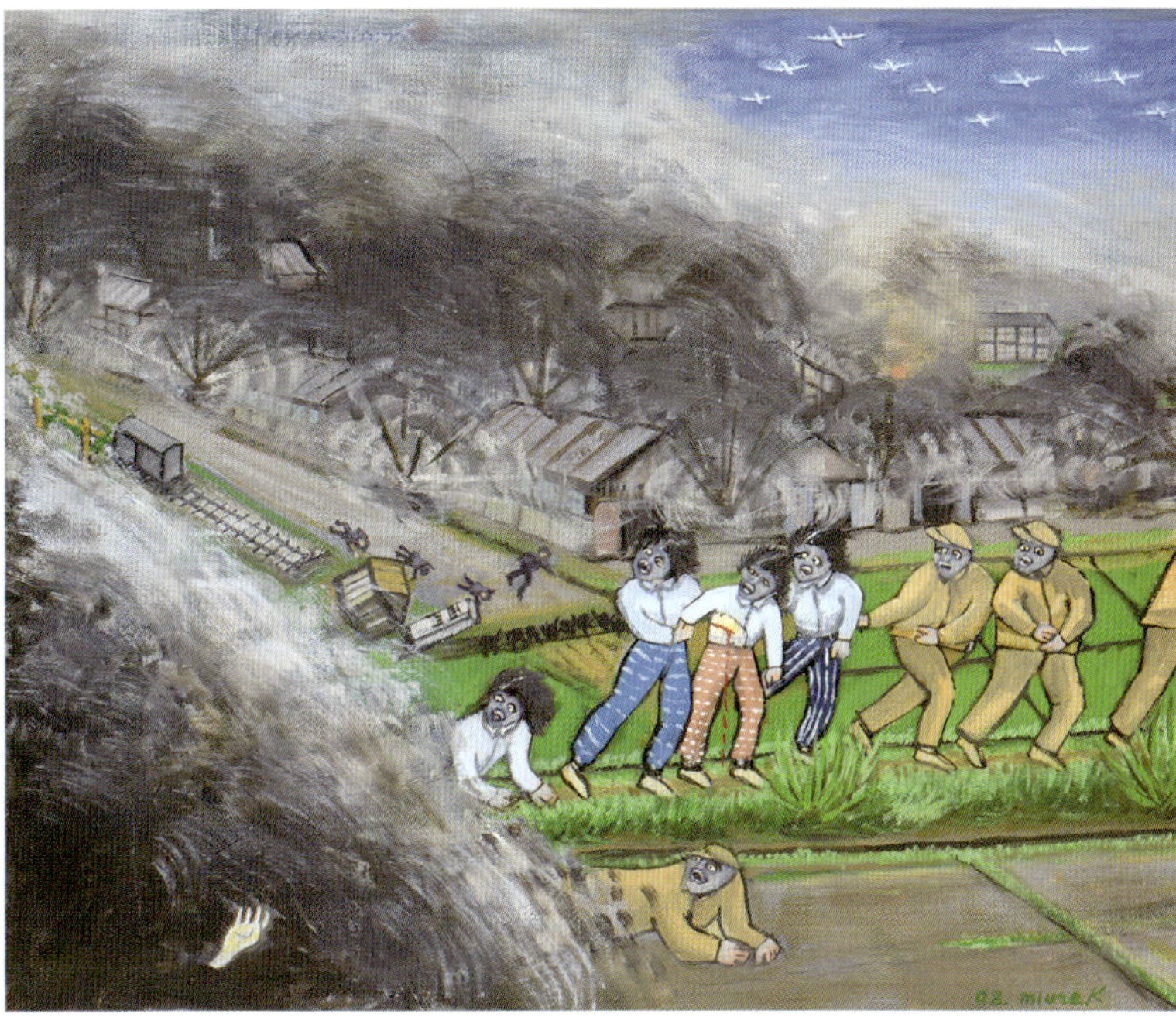

「西門から逃げ出した光景」
三浦　清（豊川市桜ヶ丘ミュージアム蔵）

「一九四五年八月七日 中学二年生がみたもの」
竹生節男
千両方面から被爆した豊川海軍工廠を望む。
当時の記憶をもとに描く（豊川市桜ヶ丘ミュージアム蔵）

「豊川海軍工廠空襲目撃図」渡辺 毅

「わたしは夜勤明けで空襲終了後工廠に駆けつけ、悲惨な光景にただ呆然とするばかりであった。第一機銃の生き残りの仲間に会うと、みんなに飲み水を運んでくれるよう頼まれ、バケツ二つで水を運んだ。バケツの水を見ると『水をくれ、水をくれ』と必死に呼ぶので一人ひとりにひしゃくで飲ませてあげた。戸板に乗せられた人は首がなかった。かなり位の高い方だった」渡辺 毅 談

工廠爆撃のことを残しておかなくてはと、渡辺氏がその後描き、故郷へ帰る前に知人に託した絵である。(豊川市桜ヶ丘ミュージアム蔵)

右頁／「昭和二十年八月七日暮れる 篠田あたりで」
竹生節男
現在の豊川IC北西にあたる篠田町あたり（豊川市桜ヶ丘ミュージアム蔵）

左頁／大林淑子さんの血染の日記帳（豊川市桜ヶ丘ミュージアム蔵）

日誌

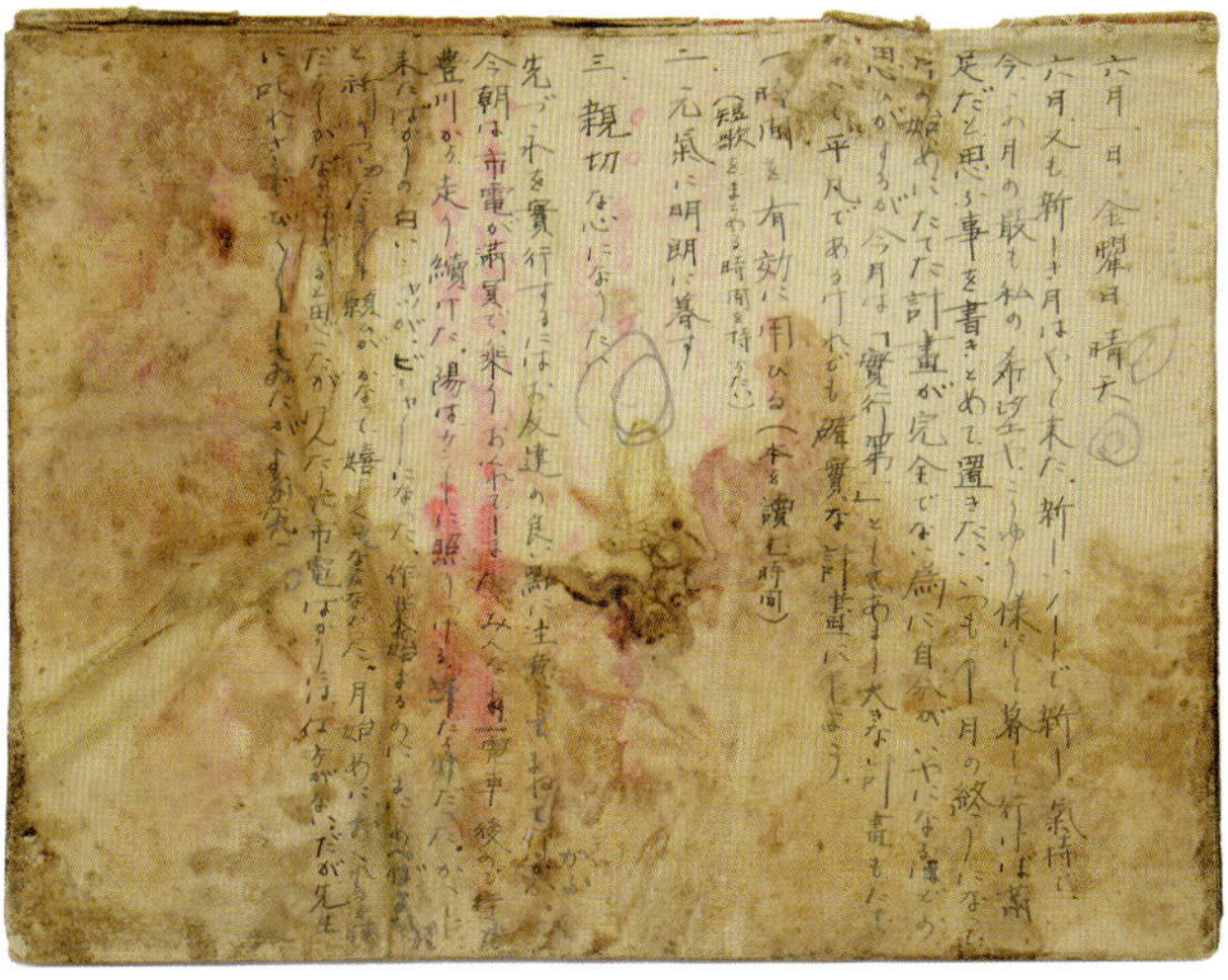

豊川海軍工廠跡。機銃掃射の跡が残る倉庫。

豊川海軍工廠、薬筒乾燥場跡。火薬を扱うため、周りは土塁で囲まれ、建物の壁も頑丈な作り。風雨にも耐え惨状を今に残す。

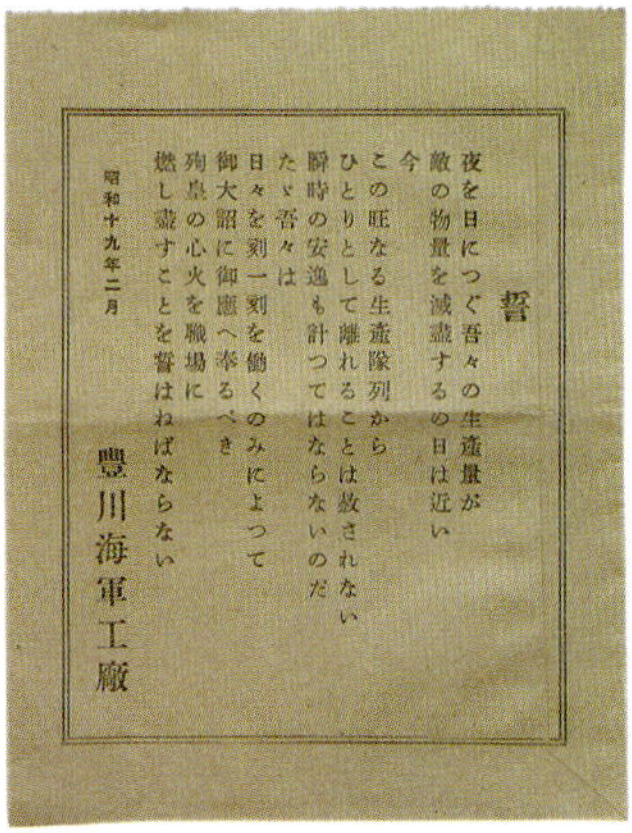

誓

夜を日につぐ吾々の生產量が
敵の物量を滅盡するの日は近い
今
この旺なる生產隊列から
ひとりとして離れることは赦されない
瞬時の安逸も計つてはならないのだ
たゞ吾々は
日々を刻一刻を働くのみによつて
御大詔に御應へ奉るべき
殉皇の心火を職場に
燃し盡すことを誓はねばならない

昭和十九年二月

豐川海軍工廠

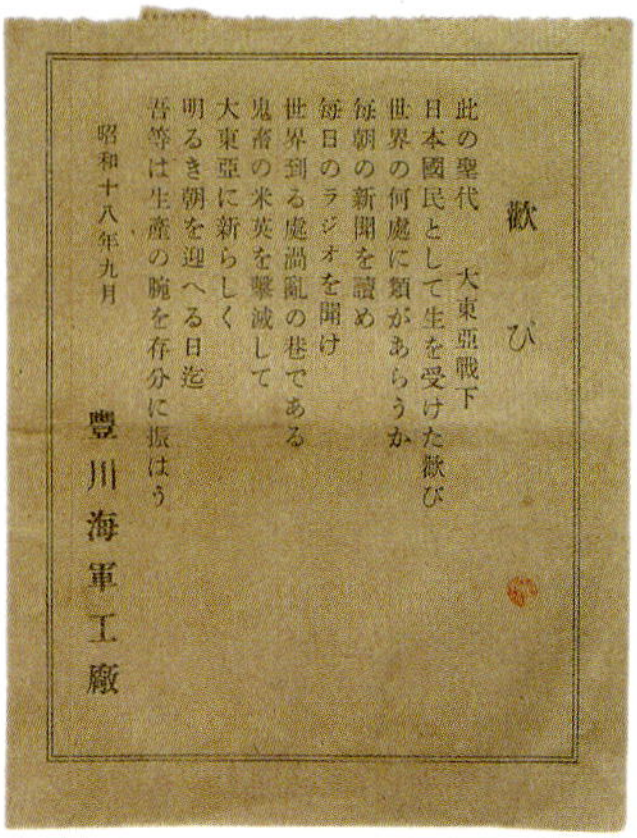

歡び

此の聖代　大東亞戰下
日本國民として生を受けた歡び
世界の何處に類があらうか
毎朝の新聞を讀め
毎日のラジオを聞け
世界到る處渦亂の巷である
鬼畜の米英を撃滅して
大東亞に新らしく
明るき朝を迎へる日迄
吾等は生產の腕を存分に振はう

昭和十八年九月

豐川海軍工廠

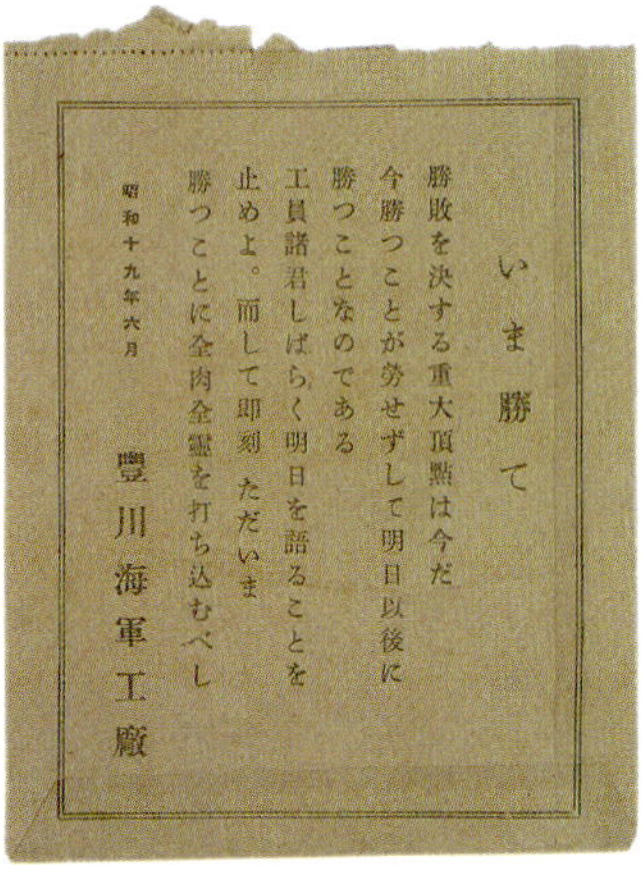

いま勝て

勝敗を決する重大頂點は今だ
今勝つことが勞せずして明日以後に
勝つことなのである
工員諸君しばらく明日を語ることを
止めよ。而して即刻ただいま
勝つことに全肉全靈を打ち込むべし

昭和十九年六月

豐川海軍工廠

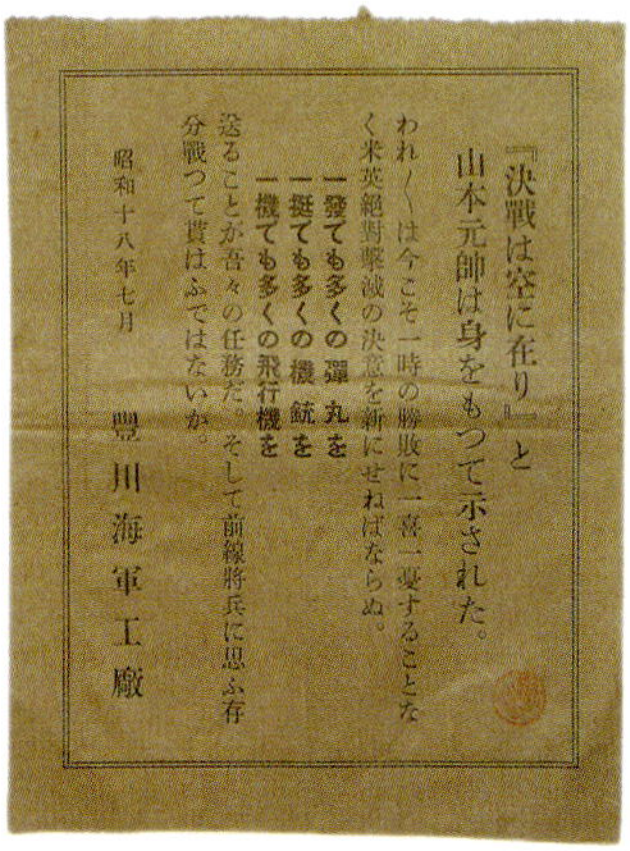

『決戰は空に在り』と
山本元帥は身をもつて示された。
われ〳〵は今こそ一時の勝敗に一喜一憂することなく米英絶對撃滅の決意を新にせねばならぬ。
一發でも多くの彈丸を
一挺でも多くの機銃を
一機でも多くの飛行機を
送ることが吾々の任務だ。そして前線將兵に思ふ存分戰つて貰はふではないか。

昭和十八年七月

豐川海軍工廠

豊川海軍工廠の給料袋。檄文《げきぶん》が印刷されていた。（豊川市桜ヶ丘ミュージアム蔵）

平和の像（豊川市運動公園内、工廠正門前・工廠神社跡地）

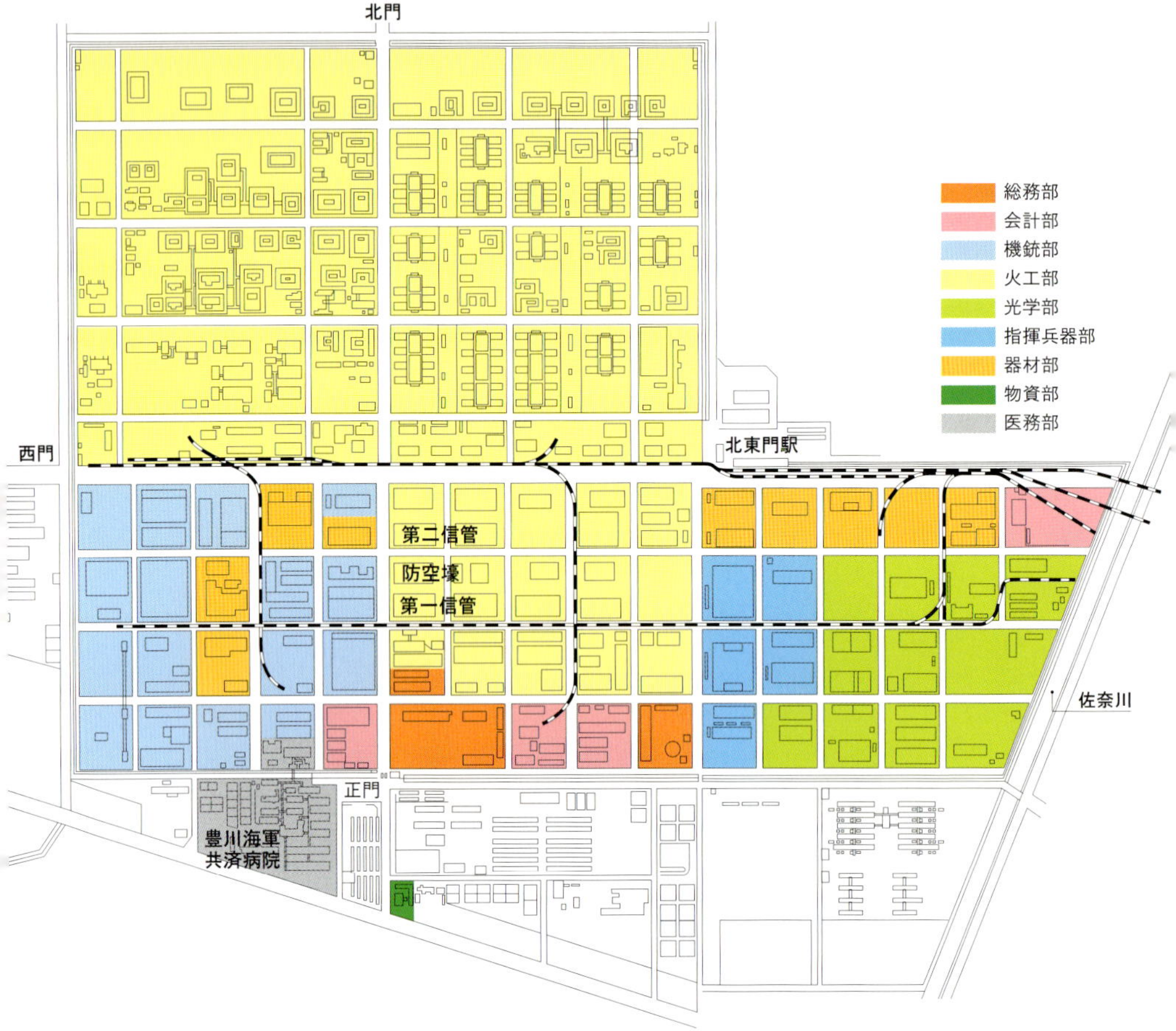

「豊川海軍工廠配置図」第一信管工場と第二信管工場の間にあった工場跡地に造られた防空壕で、前芝国民学校の生徒八名が生き埋めになった。（豊川市桜ヶ丘ミュージアム資料より作成）

十三歳のあなたへ

一九四五・八・七　「豊川海軍工廠」の悲劇　改訂版

牧平興治

目次

はじめに

今年は戦後七〇年です。十五年戦争※で、将兵二三〇万名、市民を含め三一〇万名ともいわれる途方もない命が失われました。日本の歴史上例を見ない惨事でした。

わたしの父も、昭和十九年(一九四四)五月出征。フィリピンのルソン島マニラからレイテ島への物資輸送に当たり、同年十一月二十七日、レイテ島パロンポン港沖において、敵機の機銃※掃射※による頭部貫通銃創で戦死しました。三十八歳、わたしは四歳でした。

前芝《まえしば》中学校の校門脇に「豊川工廠《こうしょう》※戦没学徒之碑」がありますね。みなさんはその碑について、先生たちから聞いて、ある程度のことは知っているでしょう。しかしわたしは、しばらく前まで詳しいことはほとんど知りませんでした。

昭和五十八年(一九八三)、『平和の礎』が豊橋市遺族会によって編《へん》

筆者父、野砲兵第三聯隊入隊。名古屋に一週間滞在した際、出征記念に撮影した家族写真。

機銃
引き金を引いている間、自動的に発射される機関銃。海軍では機銃といった。

簒《さん》され、わたしは戦没者の写真、経歴などを遺児として見られるようになりました。四十歳を過ぎ、組長として「校区戦没者慰霊祭《いれいさい》」のお手伝いをしたり、平成十四年度には自治会長として慰霊祭を主催したりすることで、戦争のことをもっと知りたいと思うようになっていました。

　以前から父が命を落とした十五年戦争について関心を持っていました。四年ほど前、内藤辰治《たつじ》先生から『前芝国民学校高等科二年生の豊川海軍工廠への学徒動員※について』と題したA4サイズ八ページの資料をいただいて読みました。それは平成六年、当時の牧野茂《しげ》昭《あき》校長先生がまとめたものでした。

　牧野元校長先生の話では、敗戦後ソビエト連邦（現ロシア）により捕虜として抑留体験※をした元教育長、兵東政夫《ひょうどうまさお》先生から「豊橋で豊川海軍工廠戦没学徒の碑があるのは前芝中学校だけだから、健在の方がいるうちに調べておいて欲しい」と依頼されたそうです。そこで、数名の方から聞き取りを行い、『前芝村誌』※などからまとめたとのことでした。

掃射
機関銃などで、敵をなぎ払うように広角度に射撃すること。

工廠
軍直属の軍事工場。兵器・弾薬など軍事品を開発・製造・修理・貯蔵・支給をする。

十五年戦争
満州事変（昭和六年）からポツダム宣言受諾（昭和二十年）による太平洋戦争（大東亜戦争）の終結に至るまでの約十五年間弱にわたる紛争状態と戦争の総称。

学徒動員
労働力不足を補うため、学生・生徒に対して強制された勤労動員。戦争の深刻化につれ、昭和十九年には学徒勤労令が出され、中等学校以上の中学校校門脇に立っている、高さ二〇四センチ、幅九〇センチの大きな石碑を改めて見てみました。

正面　『—霊碑—豊川工廠戦没学徒之碑—』

裏面　『昭和二十年八月七日、学徒動員中

　豊川海軍工廠爆撃による戦没学徒氏名

池田義三　石原昌俊　北河　等

北河三廣　北河義夫　酒井福太郎

前田昭一　牧平辰彦　松井　勝

若子徳夫

　　昭和二十八年二月建立

　　　前芝小学校父母教師会』

と刻まれています。『前芝村誌』を見ると、「建立時は前芝小学校の西南端に設置され、慰霊祭が行われた。そして昭和三十七年、保・小・中のプール建設に伴い現在の地に移転された」と記されています。

ほぼ全員を軍需工場などに動員・配置した。

ソビエト連邦抑留

ソビエト連邦共和国は、昭和二十年八月九日、日ソ中立条約を破棄して、宣戦布告。満州、朝鮮に侵入した。停戦命令が出て武装解除・降伏した日本軍捕虜約五七万五千名は、シベリア(実際にはモンゴル・ウズベキスタン・樺太《からふと》等、ソ連の勢力圏全域)に労働力として、強制移送された。

　冬はマイナス四〇度にもなる極冬《きょくとう》の地に、長期にわたり抑留(強制的にとどめおくこと)され、食料も満足に与えられず、奴隷的強制労働をかせられた。その結果、抑留者の内、約五万七千五百名が犠牲となった。

　前芝校区でも二三名が抑留され、二名が犠牲になった。

わたしが六年生の時に建立されたのです。

思い返してみても、わたしは小学生、中学生当時の先生から、「碑」のことを教えていただいた記憶がないように思います。数名の同級生に尋ねてみましたが、そのうち一名が慰霊祭に参加した記憶があるという程度です。

わたしは前芝校区で育ち、昭和三十九年愛知学芸大学（現愛知教育大学）を卒業すると、はからずも前芝小学校へ赴任し、三年間勤務しました。当時も前芝ならではの保・小・中・各種団体の校区大運動会が、中学校運動場で盛大に行われていました。それにもかかわらず「慰霊碑」に対する意識が全くなかったように思います。何はともあれ、わたしは子どもたちに、「豊川海軍工廠戦没学徒」について教えた記憶が全くないのです。

息子や、娘、校区在住の若者たちに聞いてみても「そういえば校門のところに何かあった」という程度の認識です。一体これはどういうことでしょう。

前芝村誌

昭和三十年（一九五五）、前芝村は豊橋市に合併。その記念として企画され、昭和三十四年一月発行された。二五六ページの労作で前芝校区の歴史をひも解く最適な資料である。

豊川工廠戦没学徒之碑

「なぜ、このような悲劇が起こったのでしょう?」
「なぜ、知らされなかったのでしょう?」

この疑問について、わたし自身もまず知りたいと思いました。そして、「豊川海軍工廠」の悲劇の真実を、犠牲となった一〇名と同じ世代のあなたたちに、もっと詳しく知ってもらい「語り継いでいく」ことこそ死者への鎮魂《ちんこん》になると思いました。

そこで、前芝校区で今なお健在な方たちに、さらに詳しく聞き取りすることに努めました。それとともに、当時の社会状況や「豊川海軍工廠」の実態をできる限り調べ、前芝校区の学徒動員を中心に、わたしの歴史認識に基づいてまとめてみました。

海軍工廠へ動員された生徒たちの大半は、満州事変《まんしゅうじへん》※が起こり十五年戦争へ突入した昭和六年に誕生し、十三歳で(現在の中学二年生三十四名)強制動員されたのでした。そして少年たちは戦争の時代をすごし、昭和二十年八月七日、終戦直前に死んでいったのです。

満州事変
昭和六年(一九三一)、奉天《ほうてん》(現瀋陽《しんよう》)北方の柳条湖《りゅうじょうこ》の鉄道爆破事件を契機《けいき》として、中国との間に起こった武力衝突《しょうとつ》。中国東北全域に拡大した。翌、七年には、日本による満州国の独立宣言が発せられた。

「ベネッセ教育センター」の調査データによると「現在の十三歳中学生の身長は祖父母の世代より男子二〇センチ、女子一四センチアップ」とあります。現在の中学二年生男子、四月の平均身長は一五九・八センチですが、当時の二年生の身長は、一三九・八センチ(昭和二十三度統計)、前芝小学校の平成二十五年四月の六年生が一四四・八センチです。想像してみてください。彼らは思っていた以上に幼い少年でした。

助かった同級生やわたしたち戦中世代は、言論の自由を保障された社会で、家庭を持ち経済発展の恩恵を受けて、幸せな時代を過ごせたことを思えば、英霊(戦死者の霊)のみなさまに対し、ただただ頭《こうべ》を垂れるのみです。

みなさん歴史とは何でしょうか。

過去にあった事実は事実として、良いことは良い、過ちは過ちとしてとらえ、未来に生かすためのものではないでしょうか。ドイツの賢人、元大統領ワイツゼッカー※氏は「過去に目を閉ざす者は結局の

ワイツゼッカー（一九二〇〜二〇一五）リヒャルト・フォン・ワイツゼッカー。ドイツの政治家。連邦議会副議長・西ベルリン市長を経て、一九八四年以降、西ドイツ大統領。九〇年、東西ドイツ統一を実現。九四年まで、統一ドイツ大統領。

ところ現在にも盲目になる…」(ドイツ敗戦四十周年記念演説「荒野の40年」より)と述べています。そのためには正しい歴史事実でなくてはいけませんし、民衆の視点で書いたものでなくてはなりません。

「社会科は郷土に発し、郷土に帰す」といわれます。「豊川海軍工廠」を切り口にして学ぶことで、日清《にっしん》戦争※から十年ごとに大きな戦争をし、敗戦に至った歴史に迫ることができると思います。幸い、歴史の学習で「私たちの探検隊―地域の歴史を調べてみよう―」の時間が設定されています。その時間にこの資料も使って、みなさんに先輩たちの悲劇を知ってもらい、この碑に思いを馳せていただきたいと思います。

そして、家庭で話題にし、いつの日にかあなたたちが父となり母となった時、わが子に語り継いでいただければ、この上なくうれしく思います。

これからの記述は、事実をできる限り客観的に述べてあるつもり

日清戦争
明治二十七～二十八年(一八九四～九五)日本と清国(中国)との間で行われた戦争。朝鮮の農民戦争(東学党の乱)に清国が出兵したのに対し、日本も居留民保護を名目に出兵。日本が勝利した。

です。しかし、独りよがりのところがあるかとも思います。ですからみなさんは、わたしの書いたものが絶対正しいものと思わず、批判的な心を持って読んでいただきたいと思うのです。

海軍工廠と国民学校

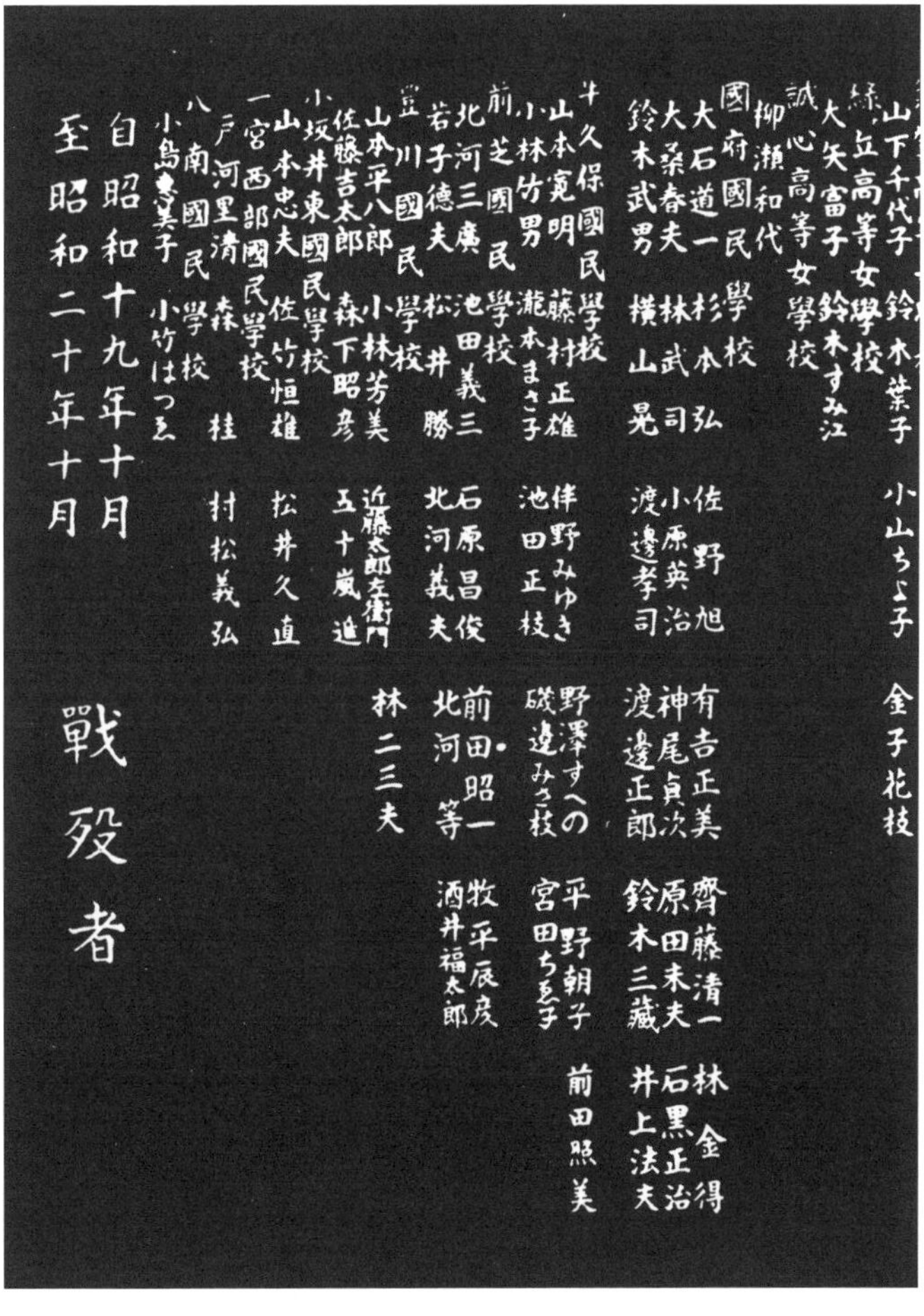

海軍工廠戦没者供養塔に刻まれた戦没者

前芝校区の「豊川海軍工廠犠牲者」

〈国民学校高等科二年（現中学二年）〉

○ 前芝
・池田義三《よしぞう》
・石原昌俊《まさとし》
・北河　等《ひとし》
・北河三廣《みつひろ》
・北河義夫《よしお》
・酒井福太郎《ふくたろう》
・前田昭一《しょういち》
・若子徳夫《とくお》

○ 梅藪《うめやぶ》
・松井　勝《まさる》

○ 日色野《ひしきの》
・牧平辰彦《たつひこ》

前芝国民学校高等科の生徒の犠牲者は一〇名。学徒動員された前芝生徒の約三〇％で、国民学校生徒全体の一〇・八％と比較して、

左より、北河義夫、北河三廣、北河等、石原昌俊、池田義三

極めて高いものでした。これは、働いていた火工部第一信管工場が爆撃目標のほぼ中心に位置していたことに原因があったのかもしれません。

国民学校生徒以外の犠牲者

〈工員養成所　養成工員〉

○　前芝　・石河　泉《いずみ》　十六歳

　　　　　・山内治彦《はるひこ》　十四歳

〈女子挺身隊《ていしんたい》※〉

○　前芝　・北河延子《のぶこ》　十七歳

○　梅藪　・鈴木美枝子《みえこ》　十三歳

○　前芝　・安井志《し》ま　十九歳

〈軍属※（職員・工員）〉

○　前芝　・酒井兵三郎《へいざぶろう》　五十七歳

○　前芝　・山之内仲吉　四十四歳

左より、牧平辰彦、松井勝、若子徳夫、前田昭一、酒井福太郎

死亡通知は、八月十日付けで届けられました。

『前芝村誌』によりますと、昭和二十年(一九四五)八月二十八日、学徒慰霊祭が実施され、(主催はどこか記載なし)三十一日には、村主催の合同慰霊祭が行われ全校生徒が参列したと記されています。

海軍工廠戦没者供養塔には豊川海軍工廠に在籍された方を対象に、二、五四四名が刻まれています。しかし、「八七会《はちなな》※」発行の『豊川海軍工廠の記録』によると、どうしたわけか、工廠に在籍されていながら氏名が刻まれていない方が何名か見えます。その中の一名が十九年五月一日入廠《にゅうしょう》、前芝の酒井兵三郎氏です。わたしも確認してみましたが、確かに酒井氏の名前はありませんでした。

女子挺身隊
敗色濃厚な南方戦線への相次ぐ兵力増強は、国内産業への深刻な労働力不足をもたらした。そこで昭和十二年(一九三七)四月、未婚の女性を勤労挺身隊として動員することを閣議決定した。そして十四歳以上二十五歳以下の女性が労働に駆りだされた。市内の各女学校では、進学希望者・病弱者を除いて全員が勤労挺身隊に参加した。

軍属
戦闘員である軍人以外で軍に所属する者。工場へ動員されて犠牲になった生徒も、戦後、軍属扱いとなった。

八七会
戦後組織された豊川海軍工廠従業員の会。供養塔建立を

「豊川海軍工廠」の建設と操業

戦争の拡大長期化に備えて、武器弾薬などの増産が急務となりました。軍事予算は満州事変が起こった昭和六年（一九三一）、国家予算の約三〇％でしたが、政府は年々増額し十二年には六九％、末期には八五％にもなってしまいます。

「豊川海軍工廠」は、海軍省直轄（海軍省の権限で管理）によって、造船の横須賀（神奈川県）、造船・弾薬の呉《くれ》（広島県）、造船と航空機の佐世保《させぼ》（長崎県）、航空機の広（広島県・呉）、造船などの舞鶴（京都府）につぐ六番目の工廠として、昭和十一年、建設計画が決定されました。その後も八ヶ所の海軍工廠が作られます。

海軍工廠の建設予定地は、豊川町（昭和十八年に豊川市）、牛久保町、八幡村の三町村にまたがる本野ケ原《ほんのがはら》一帯の松林の生い茂った、東京ドームの七十倍、二〇〇ヘクタールにもおよぶ広大な土地でした。そして、昭和十三年七月から工廠用地の買収をはじめ、ほぼ強制的に買収されました。用地を確保すると翌年三月には、建設委員長、

はじめ、多くの事業を行うとともに八月七日には慰霊祭を主催してきた。五十周年を記念し「豊川海軍工廠―陸に沈んだ兵器工場―」を出版。
構成員の高齢化により維持が難しくなり、世間的には平成十七年八月七日の慰霊祭をもって解散したと受け止められているが、現在も継続して七日・二十日に供養塔の清掃などを行っている。

全国の海軍工廠

神保海軍大佐のもとに、約三十名の建設委員が横須賀、呉の両海軍工廠から派遣されました。まず、多くの囚人を使用して周囲の大きな溝と土堤《どて》の築造から始まりました。それはそれは大工事でした。

おもな工場群として、機銃を作る機銃部、銃弾や火薬を作る火工部が建設され、昭和十四年十二月十五日に開廠式が行われました。初代工廠長には、神保少将が着任、従業員千五百名でした。

現在豊橋市から牛久保町を突っ切って(株)日本車両正門(工廠正門)までの道幅二〇メートルを越す道路は、その時に作られました。当時、その道路は海軍道路、または工廠道路と呼ばれていました。そして、豊橋から通勤する工員の大自転車部隊が、工廠まで続きました。

その後、十六年には、照準器や望遠鏡を作る光学部、さらに十八年に、高角砲《こうかくほう》※の精密照準器を製造する指揮兵器部ができ、工廠敷地には、七百棟もの工場が建てられました。

わたしは昭和十五年四月に誕生したのですが、その年の四月、見習科一期生四五名を採用し、寄宿制の「工員養成所」が開所しまし

豊川駅付近より本野ヶ原を望む
(「日本地理体系 中部篇 下巻」より)

工廠建設前の本野ヶ原(「ふるさとの想い出写真集 明治・大正・昭和 豊川」より)

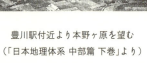

た。国民学校卒業者で、経済的に恵まれない家庭の成績優秀者が、将来のエリート工員になるため入廠し、七、四〇六名に達しました。

また、「海軍工廠」には豊川市民病院の前身である「豊川海軍共済病院」があり、十七年「海軍工廠付属病院看護婦養成所」も開所されました。一期生三五名、二期生七六名、三期生八五名、四期生四七名が養成所へ入所しました。

三期生までは看護婦の免状が交付されましたが、四期生は四ヶ月目に終戦になってしまったので免状はもらえませんでした。

そして、戦争の拡大とともに工廠の規模も急激に膨張していきました。従業員は、職員・正規工員約一万名、徴用工・女子挺身隊など約四万名、学徒六千名、合計五万六千名(昭和二十年)で、機銃、弾薬、照準器、望遠鏡などの約七〇%を生産する東洋一の巨大工場でした。

「海軍工廠」は一般の軍需工場と違って、工廠長は現役の海軍少将、中将であり、九名の部長も少将か大佐でした。また、約七百名の職員の中堅は技術将校が多かったので、すべて軍の考え方が優先し、後の悲劇をもたらす要因になったと思われます。

海軍工廠正門前

豊川海軍工廠開廠式

25粍(mm)連装機銃
一等巡洋艦及び戦艦すべてに使用

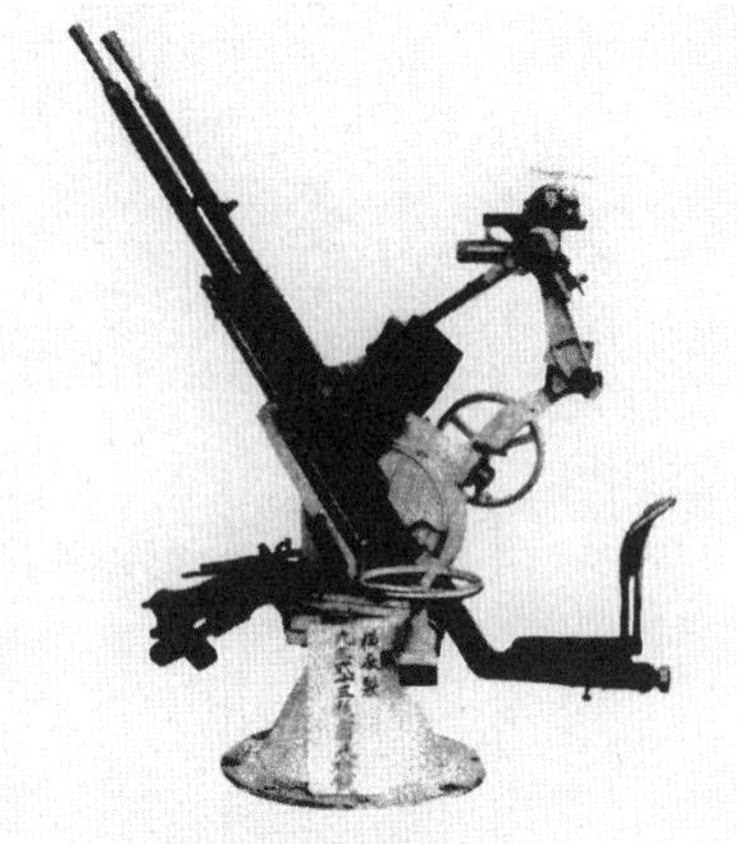

13粍(mm)連装高射機銃
二等巡洋艦、駆逐艦、輸送船、小型艦艇に使用

高角砲

対空砲であり日本海軍は「高《こう》角砲《かくほう》」、陸軍は「高射砲《こうしゃほう》」と言った。戦艦や航空母艦に備えられた高角砲の内径は、一〇センチ、一二・七センチ。

各種機銃弾薬包の弾丸及び薬莢《やっきょう》

潜望鏡用レンズ

15倍双眼鏡

磁気羅針儀

21　海軍工廠と国民学校

	年度	16年	17年	18年	19年	20年
艦船及び陸上用	二十五粍	1,000	4,000	12,500	18,000	3,380
	十三粍	600	3,000	5,300	4,330	480
	七粍七	3,000	3,305	3,886	17,072	3,499
航空機用	三十粍	—	—	—	250	390
	二十粍	10	900	3,500	9,700	3,120
	十三粍	—	—	700	8,540	3,650
	七粍九・七粍七	4,000	8,695	10,114	448	341

豊川海軍工廠における機銃弾薬包の年度別生産量の推移（単位・千発）

（「昭和産業史 第一巻」より作成）

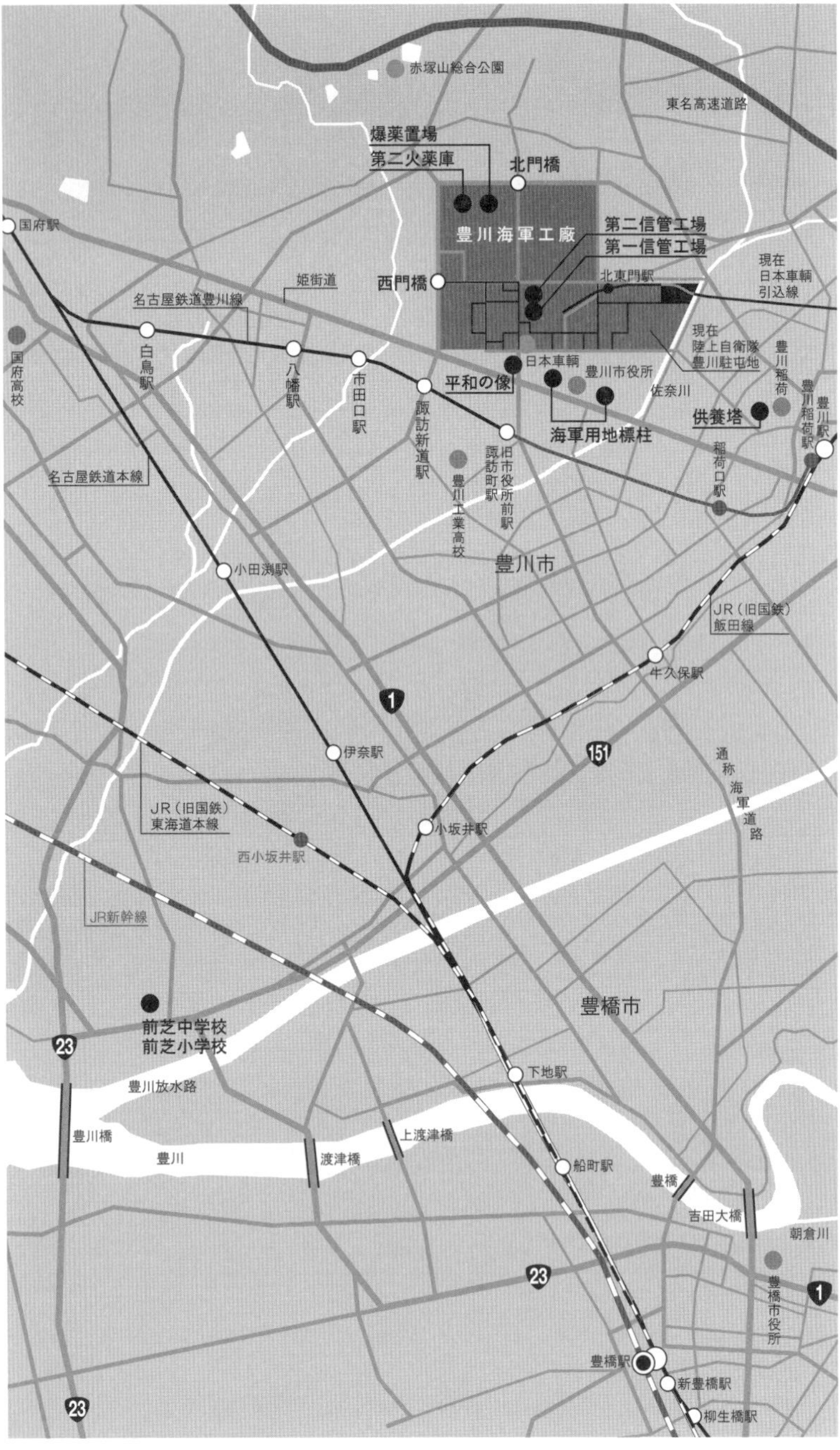
赤塚山総合公園
東名高速道路
爆薬置場
第二火薬庫
北門橋
国府駅
豊川海軍工廠
第二信管工場
第一信管工場
現在
日本車輌
引込線
姫街道
西門橋
北東門駅
名古屋鉄道豊川線
国府高校
白鳥駅
八幡駅
市田口駅
現在
陸上自衛隊
豊川駐屯地
日本車輌
豊川市役所
豊川稲荷
豊川稲荷駅
豊川駅
平和の像
佐奈川
諏訪新道駅
供養塔
海軍用地標柱
旧市役所前駅
諏訪町駅
稲荷口駅
豊川工業高校
名古屋鉄道本線
小田渕駅
豊川市
JR（旧国鉄）
飯田線
牛久保駅
1
151
伊奈駅
通称
海軍道路
JR（旧国鉄）
東海道本線
小坂井駅
西小坂井駅
JR新幹線
豊橋市
前芝中学校
前芝小学校
23
下地駅
豊川放水路
豊川橋
上渡津橋
豊川
渡津橋
船町駅
豊橋
吉田大橋
朝倉川
豊橋市役所
豊橋駅
新豊橋駅
柳生橋駅

戦時体制と国民学校

昭和十二年（一九三七）、「日中戦争※」が勃発し、国家の動きは戦争拡大の一途をたどりました。国家政策の下にある教師たちも挙国一致《きょこくいっち》（国を挙げて一つになる）の戦時体制に組み込まれました。生きていくためには、従わなければならない辛い立場に追い込まれました。

昭和十六年三月には「国民学校令※」が実施され、前芝尋常《じんじょう》高等小学校が「前芝国民学校」と改称。初等科六年、高等科二年の六・二制となりました。それは皇国民《こうこくみん》（天皇が治める国の民）の心身を鍛えて立派な人間にすることを目的とした教育制度で、ますます軍国主義・国家主義的色彩が強められました。

まさしく総力戦の基盤である「精神力」を一刻も早く基礎から立て直そうとする初等教育改革で、「少国民※」育成のためのものでした。十二月八日、太平洋戦争開戦とともに、さらに軍国少年少女育成に力が注がれていきます。

日中戦争
昭和十二年七月七日、盧溝橋《ろこうきょう》事件を契機として、日本が中国に侵略を企《くわだ》てた戦争。日本が都市・鉄道の沿線を攻略。中国は重慶《じゅうけい》に都を移して抗戦するに及び長期化し、太平洋戦争に発展した。

国民学校令
初等科および高等科を通じ、教科は国民科（修身・国語・国史・地理）、理数科（算数・理科）、体錬科（武道・体操）、芸能科（音楽・習字・図画・工作・裁縫・家事）。高等科には実業科（農業・工業・商業・水産）、実習科が加わった。

少国民
戦線に参加するまでに至らない年代の子どもたち。戦時の人々の気持を引きしめ、戦当時「少年倶楽部」という人気雑誌がありました。

昭和十七年二月号に東条英機《とうじょうひでき》※首相の興味深いメッセージが載っていますので、国民学校教育の目的を理解するためのエピソードとして転載してみます。

北河正美《まさみ》さん（前芝町・昭和六年生まれ）によると、前芝と地続きの清須（津田校区）に貸し本屋があり、時々雑誌を借りに行ったそうです。ですから、次の東条英機のメッセージを読んだ子がいたかもしれません。

日本全国少年少女諸君われらの皇国《こうこく》日本は、ついにアメリカとイギリスに対し、正義の剣を抜きました。正しく強く戦えば必ず勝つ神武《しんぶ》の剣であります。開戦と同時に、ご承知のように皇国の攻め行くところ、陸に、海に敵をさんざんに打ち破りました。日本恐るべしとの声は、世界中に強く響いています。

この大東亜戦争（太平洋戦争）にはじまりまして、皇国の国土はまだ、一度も敵空軍の来襲さえゆるさず、全国民いよいよ必勝の信念

局（戦争の状況）の苦難に立ち向かわせるべく使われた政治用語で、子どものことを銃後を守る「少国民」と言った。

少年倶楽部（昭和19年発行）大日本雄辯會講談社

に燃えていますのは、ひとえにこれ、御稜威《みいつ》(天皇・神などの威力)のいたすところであります。皆さんは、この記念すべき戦勝にあたり、何よりもまず、この皇国日本に生まれた光栄を、心から、深く深く感謝しなければなりません。この大戦は、われらと同じく大東亜(東アジア・東南アジア)に住んでいる人たちが、日本と相共《あいとも》に力をあわせて助け合い、今まで自分たちをおさえつけてきたアメリカやイギリスの悪い力を払いのけて、輝かしい幸福な平和の国々を新しく建てて行くための義戦(正義のために起こした戦)でありますから、「大東亜戦争」と呼ぶことになったのであります。

この大戦の目的を、十分になしとげるためには、皆さんが大きくなってから後も、しっかりと「大東亜戦争」の結果を受けついで、皇国日本の弥栄《いやさか》(今までよりもっと栄える)ゆる将来を、千代に八千代に(非常に長い年月)りっぱに推し進めていかなければなりません。この光栄なる大きな責任を、どうか皆さんが心の底に、深く覚悟してもらいたいのであります。

東条英機(一八八四~一九四八)

太平洋戦争時の総理大臣。

首相としてはじめて陸軍大臣、内務大臣(特別高等警察、警察などを所管)などを兼任。陸軍大臣として軍の人事権を握る。憲兵隊の重要ポストを腹心で固め、自分を批判する者を弾圧した。

昭和十八年には、文部大臣、商工大臣、軍需大臣。さらに、十九年二月には、参謀総長(作戦のトップ)も兼任となり全ての権力を持ち、「東条独裁」とも言われた。

十九年七月、サイパン島陥落後に総辞職。昭和二十二年、極東国際軍事裁判(東京裁判)にてA級戦犯として有罪となり絞首刑。

このためには、今のうちから皆さんが、毎日のつとめを、りっぱになしとげていくことが実に大切であります。それには、よい子供になって、お父さんやお母さんや先生のおっしゃることを十分に守り、よく学び、よく遊び、心と体を、あくまで強くし、いま第一線にでて戦っていられる兵隊さんや、国内で力をつくしていられるお家の方々にまけない、さらにりっぱな日本人にならなければなりません。これこそ皆さんが、天皇陛下の御ためにつくしたてまつる第一のご奉公であります。

（　）及びルビは筆者注

要するに東条首相は「天皇陛下のために尽くす日本人になる」こと、有無を言わせずに戦う国民になることを説いているのです。また「アメリカとイギリスに対し、正義の剣を抜きました。正しく強く戦えば必ず勝つ神武の剣であります」と言っていますが、果たして、「正義の戦争」だったのでしょうか？

東条英機

みなさんが好きだった『アンパンマン』の漫画家として有名な「やなせたかし」は自らも兵士として戦い、弟さんも戦死しています。そのやなせさんは「正義の戦争などありません」と断言しています。わたしもその通りだと思っています。

また「皇国の国土は、まだ一度も敵空軍の攻撃を許さず」と言っていますが、その三ヶ月後の四月十八日には米陸軍は早くも日本本土を爆撃しました。

航空母艦※「ホーネット」から発進したドゥリットル中佐率いる双発中型爆撃機B25十六機が、正午すぎから東京・横浜・名古屋・神戸を奇襲攻撃し、中国大陸とソ連沿海州へ飛び去って行きました。多くの民間人を含む百二十名が犠牲になったのです。大本営は「損害はいずれも軽微」と発表し被害の深刻さや相手戦力に冷静に向き合うことはしませんでした。

そのうちの二機が遠州灘から渥美半島を横断、三河湾を北上して名古屋を空襲し、豊橋地方にはじめて警戒警報※が発令されているの

航空母艦
航空機を搭載し、発着させるための飛行甲板を持ち、格納庫・修理設備などを備え、航空機運用能力を持つ軍艦。水上兵力の中核。略称空母《くうぼ》。

警戒警報・空襲警報
東海軍管区司令部から発令された。
「灯火管制」により、警戒警報が発令された時には、夜は電灯に黒い布などをかぶせて、上空の敵機に分からないようにして生活した。また、「空襲警報」になった時は、速やかに防空壕へ避難するように指示されていた。

です。この二機は前芝からも見える上空を通りました。村の人たちはひょっとして見たのかもしれません。
　そして、同年六月のミッドウェー海戦※の惨敗から、早くも敗戦への道をたどっていくのです。

ミッドウェー海戦
ハワイ諸島の北西に位するミッドウェー島をめぐって行われた海戦。島の攻略をめざす日本海軍をアメリカ海軍が迎え撃つ形で発生。
　この作戦には空母四隻を基幹とする日本海軍機動部隊の総力が投入された。暗号解読によって日本側の企図を事前に察知したアメリカは、空母三隻を待機させ、日本機動部隊に先制攻撃をかけた。
　その結果、日本の四空母は全滅し、その艦載機三五〇機が失われた。日本軍の戦死者三、〇五七名。うち一二一名が精鋭のパイロットであった。攻略は失敗、戦争における主導権を失ったが、海軍は大敗をひた隠しにし、かえって勝利したように発表した。

「国民学校」と子どもたち

それでは、国民学校における子どもたちの生活はどのようなものだったのでしょうか。

前芝村誌に

「学徒の歩みがどのように国家に協力したかを大別しますと

（一）武運長久祈願《ぶうんちょうきゅう》（いつまでも生きて兵士としての働きができるように祈る）

（二）戦勝祝賀式への参加

（三）戦死者の葬儀への参加

（四）鍛錬《たんれん》を目標にする大会への参加

（五）農繁期における勤労奉仕

（六）青少年団の編成

（七）勤労動員

であったと考えられる」と記されています。

左・前芝中学校、中・前芝小学校、右・前芝保育園（昭和26年頃）

校門を入った右側に「二宮金次郎像※」がありますね。その左側に「奉安殿《ほうあんでん》※」というものがありました。子どもたちは登校して校庭に入ると、まず二宮金次郎像に「礼」をし、次に奉安殿に向かって立ち止まり、深々と「最敬礼」をしてから教室に入りました。最敬礼は登校時も下校時も日課であり、手を抜こうものなら先生にひどく叱られたそうです。

教科書が新たに国民学校教科書に改訂されたため、兄姉が使っていたものを使いまわしできなくなり、その上教科書は無償ではなかったので、貧しい家庭には痛手でした。

体練科という学科は、男子に剣道や柔道、女子に薙刀《なぎなた》の学習が導入されましたが、前芝では行われなかったようです。礼法が重視され、「正常歩(胸を張り、腰を据え、踵《かかと》から踏み付け、颯爽《さっそう》と歩く歩き方)」の訓練も厳しく行われました。また、教育勅語※を唱えさせられ、中等学校や女学校を受験する生徒は一二四代の天皇の名前を暗唱させられたとのことです。

二宮金次郎像

明治、大正、昭和初期を通じ金次郎は修身の教科書に登場し、日本初等教育の理想的人間像であった。昭和の戦争時代は、少国民として求められる「忠・孝」(よく天皇につかえ、親につかえる)の心を育てる少年少女のモデルとして政治的に利用された。

前芝小学校に設置されている二宮金次郎像は日本最古で、薪ではなく魚篭《びく》を背負っている。前芝の加藤六蔵氏

前芝小学校の二宮金次郎像

毎日の朝礼は

一　集合、整列、あいさつ

二　国旗掲揚
　・宮城遥拝《きゅうじょうようはい》（皇居をはるか遠くから礼拝する）
　・戦死者に対して黙祷《もくとう》

三　ラジオ体操

四　校長訓話　（太平洋戦争時は、戦況の報告・説明もあった）

五　注意事項の伝達

六　退場

このように行われ、形式的で子どもたちにとっては大変苦痛だったようで、朝礼でふざけたりする生徒がいると、先生がパーッと飛んで来ていきなりパカーンとやられたそうです。

毎日朝礼で校長先生から、教室では教師から国民科をはじめとした教科で繰り返し学習させられ、しつこいほど叩き込まれ、刷り込まれて「少国民」といわれる軍国少年少女が育成されていったことは、容易に想像できると思います。

が、尋常小学校に大正十三年寄贈建立。「よく働き、よく学ぶ」子どものシンボルとして純粋な気持ちからであった。

奉安殿
御真影《ごしんえい》（天皇の写真）や「教育勅語」の写しなどを保管する収蔵庫。
　前芝国民学校にあった奉安殿の銅版葺《ぶ》きの屋根は、そのまま前芝神明社に移築され、現在も水屋として残されている。

宝飯郡一の威容であった奉安殿

宮城照巳《みやぎてるみ》さん（日色野出身・昭和三年生まれ）によると「国民学校の六年の二月頃だった思うが、江川（現在は豊川放水路に吸収）で写生をしていると、三人の憲兵※が来て『この非常時に絵を描いているとは何事か』と殴られたうえ、母親が苦しい生活の中で買ってくれた大切な絵の具を川の中に棄てられてしまった。本当に悲しくて泣いて家に帰った。その当時は、図画の時間は教科書の桜や椿の絵などを模写した。また戦争関係の絵を書かないと良い点数はもらえなかった」そうです。

また、庄田綾子《しょうだあやこ》さん（北河昭男さんの妹・八五頁参照）の著書『愛知県宝飯郡・前芝村のころ』には、「小学校の時（前芝国民学校六年生）、『米英撃滅』『打ちてし止まぬ』などと競書会で書いた」と、当時の学校生活の一こまが書かれています。

『前芝村誌』によると、「学校教育のみでなく昭和十六年には、愛知県青少年団が結成され、五月には出征兵士の家庭の手伝いをはじめ、勤労奉仕など各方面で働いた。戦争の激化に伴い、人手不足か

教育勅語
明治天皇が国民道徳のおおもと、国民教育の理念を明示したもので、教育の基本方針。

憲兵
軍事警察（軍隊規律の維持）と治安警察（社会秩序を保つ）の二つを任務としていたが、後には国民の生活の監視にまでおよぶようになった。

太平洋戦争が激化した昭和十八年（一九四三）頃より、海軍とは別に重要軍需工場地域の豊川市に東海軍管区司令部から憲兵の分遣隊が派遣され、駐屯するようになった。任務は防空・防諜（スパイの進入、活動を防ぎとめる）・増産・工員および付近住民に対する日常生活に対する監視・豊川市中心とする交通網の維持確保であった。

ら高等科生徒の学校生活は、学業を捨てて農地開墾、草刈作業など実質的な勤労動員体制となった。一方、戦場へは慰問袋※を送り、街頭へ繰り出して千人針※や千人旗※を作る努力をした。

そして昭和十九年(一九四四)には、いよいよ学徒動員が行われるようになった。翌二十年六月二十二日には、前芝国民学校でも『学徒隊』を結成し、ますます軍事教練を強化した。昭和十九年から二十年にかけて、米空軍の日本本土空襲がひんぱんとなり、児童生徒は、そのたびに避難して学業がおろそかにならざるをえなかった。戦時中、都市より当校へ疎開※、または戦災によって入学していたものは五十名にのぼっていた」と記されています。

十九年六月三十日、政府は都市の三年から六年までの学童を集団で、あるいは個人的に農村部へ疎開することを勧めたからです。

十九年八月、サイパン、テニアン、グアムなどマリアナ諸島が占領されると、サイパン基地を飛びたったボーイングB29爆撃機が、十一月二十四日、東京を初爆撃。以後日本本土への空襲がいよいよ

慰問袋
戦地の兵士を慰めるための日用品、娯楽用品、雑誌、お守り、手紙等を入れる袋。
わたしの父からの手紙は合計十一通、フィリピンのマニラから三通来ているが、昭和十九年十月なかばと思われるものが最後である。当時はすでに輸送船がかなり沈められる状況で、わたしの家から送ったものも父に渡った形跡がない。したがって、慰問袋が兵士たちにそれほど届いたとも思えない。

千人針
千人の女性がさらし木綿に赤糸で一針ずつ縫って千個の縫玉をつくり、出征軍人の無事を祈るために、お守りの腹巻などを作ったもの。特に寅《とら》年の女性が縫うとか、五銭

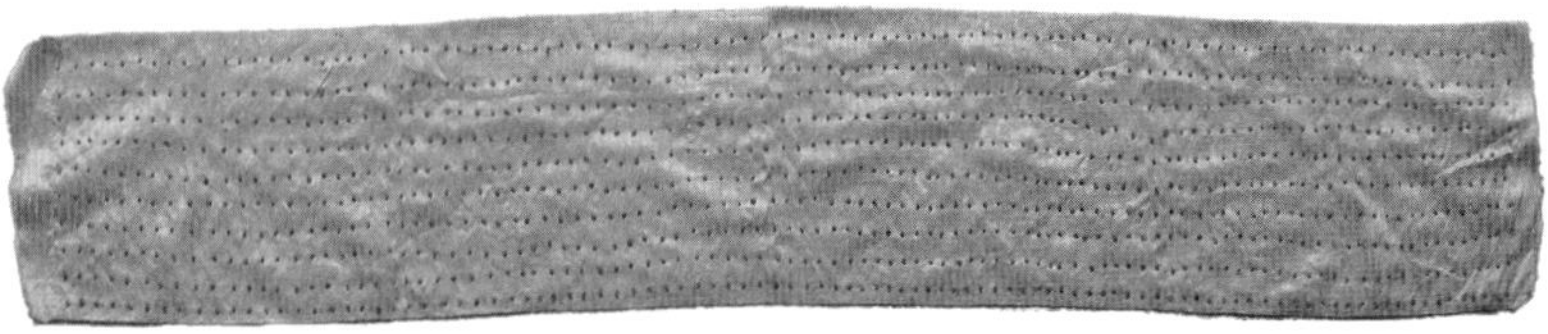

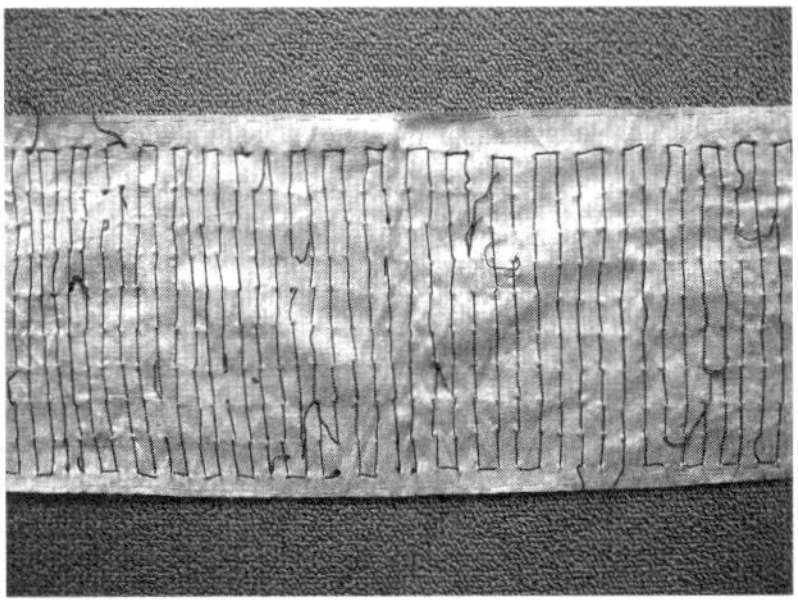

千人針　下／糸は切らずに縫われたため、裏は繋がっている（花田町山澄和彦氏所蔵）

白銅貨を縫い付けるという縁起がかつがれた。

千人旗

戦地では千人針とともに腹に巻かれた。

学童疎開

本格的本土空襲が始まる恐れから、被害を少なくするため、人口が集中している都市部に住む児童を分散させる「疎開」を行うと閣議決定。対象は国民学校初等科三年生から六年生。親族を頼る「縁故疎開」を原則とし、疎開先がない児童には学校単位の「集団疎開」も実施した。その後、一、二年生も対象に加え、疎開児童総数は四十万名とも、七十万名ともされるが、正確には分かっていない。

前芝村誌によると、前芝国

強化されます。東海地方へは十九年十二月十三日、B29八〇機が名古屋へ来襲し爆撃したのを皮切りに、空襲がひんぱんとなりました。豊橋では二十年一月初旬に昭和十七年以来の警戒警報、空襲警報が発令され、その後日常的になったのです。

日本本土の軍需工場はもちろん、国民の戦意を失わせることをねらい理不尽な都市への無差別爆撃※をするようになりました。最早日本が勝利することなどありえず、事実上敗戦の状況でした。

民学校にも五十余名の疎開児童が在籍した。

わたしの同級生、太田順子さん（国府町在住・昭和十五年生まれ）は、名古屋の熱田空襲後、母の在所（林保家）を頼って疎開し、前芝中学を卒業した。林家では、熱田空襲前に船で熱田まで出かけ母親の着物などの貴重家具を事前に前芝に運んだ。船での輸送は前芝ならである。

戦後は満州や朝鮮からの引き上げで、在所を頼って暮らしていた子どもたちもかなりいた。

無差別爆撃

戦争は国と国の軍隊が戦うもので、国際法では禁止されている。しかし、日本軍もすでに中国で実施していた。

国民学校教育

当時六年生であった方たちの座談会をまとめてみると「戦争も末期になると三名から五名グループになり、出征兵士の家に稲刈り麦刈りなど、農作業の手伝いに行った。前芝は体練での柔道や剣道、薙刀《なぎなた》などはなかった。また、桑の木の皮むき作業をよく行った。桑の木の皮は、その繊維を取り出しゲートル※などを作る材料に使った。五年、六年の時はほとんど勉強らしいことはしなかった」とのことです。

また、「二十年（一九四五）、六年生になると海軍上がりのM先生が赴任してきて担任になった。一週間に五時間くらいの体練の時間はとにかく過酷ともいえる厳しさだった。学校から四列縦隊で『勝って来るぞと勇ましく、誓って国をでたからにゃ、手柄立てずに死なりょうか……』とか『若い血潮の予科練の　七つボタンは　桜にいかり…』などと軍歌を歌いながら「栄楽屋《えいらくや》・つる屋・鈴木屋※」があった、

ゲートル
西洋風の脚絆《きゃはん》。ズボンのすそを障害物にからまったりしないよう足に巻きつけ、その上を細い布で足首から膝まで巻き上げる。長期歩行時には下肢《かし》を締め付けうっ血を防ぎ脚の疲労を軽減させる、すそを泥で汚さないようにする、などの目的があった。また、戦場で包帯の代わりにもなった。

栄楽屋・つる屋・鈴木屋
前芝の最も西側の海へ下りるところ（外浜）にあった。海水浴、潮干狩りなど、行楽用の店。

「外浜」の松林まで行進して行った。
そこで、松の木に縄で巻いて固定した稲わらに、竹やりで突き刺す訓練をした。また、手榴弾（手で投げる小型の爆弾）を投げる訓練や敵の兵隊の股間を蹴り上げる訓練をした。その厳しい訓練を今でも時々思い出す。また、学校生活は何かにつけて連帯責任だった。ビンタくらいではおさまらず、よくケツベタ（お尻を突き出させ青竹で引っぱたく）された。木刀※が折れてしまったこともあった。共同風呂で互いにお尻を見せ合い、青スジができているか赤スジができているかでそのたたかれ方のひどさを確認しあった」そうです。

子どもが米兵の股間を蹴る訓練なんて、笑ってしまいますよね。でも真面目にやっていたそうなんです。

M先生が昭和五十五年四月、退職記念に出された自分史『くるわの子』に「梅藪《うめやぶ》での一年―ああ、終戦―」という興味深い項があり、彼らに対する指導ぶりがよくわかりますので紹介します。

木刀
この時の木刀は、一般的な樫《かし》（固い）ではなかったと思われる。

外浜

『あんな先生に子供を受け持たせては、子供が殺される。あんな先生は前芝からたたき出せ』と村会議員たちが憤《いきどお》るほどのことをやったが、『村会議員さんわかっとくれん!!これが戦時教育だぞん。えらそうなこと言ってすまんが、たたき殺そうとしても、絶対に死なない人間は、こうせにゃあでき上がらんのだ。極限までたたきのめされた奴が、生き残るんだ』と村会議員に言った」と書かれています。

みなさんどう思いますか?今の時代では考えられないことですが、この言葉がM先生の指導方針であったのです。

前芝村誌に「二十年六月二十二日、前芝国民学校でも『学徒隊』が結成され、ますます軍事教練を強化した」と記述されています。それでM先生の指導に拍車がかかったのでしょう。

軍事史研究家の太田幸市氏に学徒隊についてお聞きすると「戦局も最終段階を迎えた昭和二十年六月二十三日、義勇兵役法※が公布された。義勇兵役は、男子は年齢十五歳から六十歳に達するもの、女子は十七歳から四十歳に達する者が服するというものだった。ただ、それ以外に義勇兵役に服することを志願する者は、採用するも

義勇兵役法
おもに陸海軍の作戦部隊の補助的な任務であり、この当時の装備充足率は、銃剣約三〇%、小火器約四〇%前後など。極めて貧弱でアメリカ軍に立ち向かえるものではなかった。
沖縄の中学生や女学生で編成された「沖縄鉄血勤皇隊」「ひめゆり看護隊」の悲劇は有名である。

師範学校
小学校・国民学校の教員を育成した旧制の学校。明治五年設立。第二次大戦後の学制改革で学芸大学(現在の教育大学)となった。愛知県には第一師範学校(名古屋)、第二師

のとされていた。その但し書きがあることから、前芝国民学校では、国民学校六年生男子で編成された学徒隊を結成し軍事訓練を行ったのではないか。東三河地方では記録にない事例である。ただ、昭和二十年六月頃、県立豊橋中学校（現時習館高等学校）から小隊長要員受講生として、数名の生徒が豊橋陸軍予備士官学校へ派遣されたという記録がある」とのことでした。

M先生は師範《しはん》学校※から現役入隊し、徴兵《ちょうへい》検査※の場で海軍を志願しました。最後の一年は、広島県の呉にあった海兵団で少年水兵に英語を教えて除隊となり「軍国少年少女育成」の使命を与えられて復帰されたバリバリの教員※でした。

また、M先生は、「梅薮《うめやぶ》での一年―ああ、終戦―」の中で、「私は一校で五年は勤めたいと考えたが、前芝で勤めることはできなかった……戦時教育の最先端を走ってきた私が、敗戦に臨んで何を考えたか。神洲不滅《しんしゅうふめつ》※を説き、滅私奉公《めっしほうこう》※を叫んだ私が、どんな気持ちで敗戦を子供たちに伝えたか。今となっては何を書いても嘘のように思

範学校（岡崎）があった。

徴兵検査　旧兵役法のもとで、兵官が毎年各徴兵区において、徴兵適齢の青年を収集して行った検査。原則として前年十二月一日からその年の十一月三十日までに満二十歳に達する男子とした。

除隊後に教員　当時、軍国少年を育成するため、下士官を早めに除隊させて小学校の教員とした。

神洲不滅　神の国である日本はいつまでもなくならない。

滅私奉公　私情をすて、天皇・国家に一身を捧げて仕える。

えるし、言い訳がましくなる。…割腹《かっぷく》※して児童にわびるべきか、戦争のさなかであったればこそ、俺の教育は間違っていないと考えるべきか、ずいぶん悩んだことだけを書き残しておきたい」と締めくくっています。

軍が絶対であった時代、海軍一等兵曹(下士官)のM先生に対し、抗議して子どもたちを守ろうとした村会議員の人たちは「よく抗議したなあ！大した人たちだった」とわたしは思いますが、みなさんはどう思われますか？憲兵隊が知ったら、大変なことになったと思います。国民学校六年の方たちは「今じゃあ、先生の体罰はすぐ問題になってしまうが、その時分は絶対親には言わんかった。言やぁ親からもえらくしかられてしまうから…」と語っておられますが、親たちはM先生のことをちゃんとわかっていたのでしょう。

ただ、M先生が担任になったその日、「空襲警報を知らせる村役場のサイレンが鳴り出すと『やい、警報だ!!』と言うが早いかかばんをかかえて、私の制止も聞かず、窓からポイポイ飛び出て、ちりちりば

割腹
自ら腹を切って死ぬこと。切腹。平安末期以降、武士が自分で死ぬ時の風習。

座談会(終戦時、国民学校6年生の方々)

らばらに家へ逃げ帰ってしまった。」と書いています。また、みなさんのお話からも確かにこの学年には、かなりのワンパク小僧がたくさんいたのは間違いないようです。

M先生とやはり軍隊上がりのA先生、そして、豊川海軍工廠へ引率していた市川先生は、後年教え子たちが同窓会の案内をしても出席されることはなかったとのことです。

中河よし枝さん(前芝町・昭和七年一月生まれ)は「女でも末期になると運動場で稲わらを束ねた棒に竹やりでヤアーッと突く訓練をした。力いっぱい突かないと、そんなことじゃあ人は殺せん‼としかられながら訓練した」。

また、六年生であったY子さんやK子さんは、「O先生は大変厳しく竹やり、手旗信号の訓練、またモールス信号は防空壕へ入ったときもやらされ、できない子はいちばん最後に出ることになりかわいそうであった。防空壕はコの字型に掘ってあった。たたかれたりした子もあり本当に先生がこわかった。竹やりは名前を書いて土管

前芝国民学校生徒隊の竹槍突撃訓練　海軍帰りの先生の手には木銃　※K.O.は太田幸市氏画

に立てかけてあった。」と語られました。

前芝国民学校が特別であったかと思いましたが、そうではありませんでした。

豊橋市立八町国民学校でも同様な指導が行われていたことがわかりました。八町小学校(昭和二十年度卒)同級会発行の入学六十年記念誌『その時 私は』に、五・六年の担任であったT先生※担任の女子生徒が、当時の厳しく辛かった思い出を何名も書いているので三名の方を紹介します。

「初めての男の先生。それだけでも怖かったところへ、直心棒とか全体責任とか、見せしめとしていつもみんなの前へKさんSさんが出され、殴られ蹴られ…。戦争中といえども、忘れられない辛い思い出」。

「教育勅語や歴代天皇の名前を暗記させられた。私は何とか覚えたけれど知能に障害のある子にまで先生は無理に言わせようとして、言えないとひどく暴力をふるった。そんな先生と、それを止められない自分が悲しかった。…学校の集団教育というものは恐ろ

T先生
T先生はわたしの勤務校の校長であった。しかし、転勤して見えたときにはご病気であり、半年くらいで亡くなられた。話したこともなく、どんな人柄の方かは記憶がない。
しかし、前芝のM先生と一緒に大竹海兵団を除隊となり、海洋少年団を結成された仲間の一人である。

しいもので…」。
「何といっても直心棒とモールス信号※は有名、他のクラスの方々もご存知のこと…」。

男子生徒はこのようなことは書いてないことを思えば、海軍上がりということもあろうが、人柄が大きく影響しているとも思われます。前芝国民学校や八町国民学校は特別かも知れませんが、「少国民」育成の指導がどの学校でも行われていたのは間違いないことでした。

横里允禎《みつよし》さん(前芝町・昭和八年生まれ)は「わしはどうせ兵隊になって死ぬんだと思っていた」と語られました。横里さんのような思いを持っていた子どもたちがかなりおられたように思われます。

石河一郎さんは「わしんたちの先生は毎年替わっていた」と言われていましたが、『前芝村誌』で調べてみたら、太平洋戦争開戦から終戦までの五年間の前芝国民学校の先生は、本当にひんぱんに入れ替わっています。在籍者二五名(内九名女性)で男性教員の勤務年

モールス信号 無線電信に使う符号の一つ。長短二種類の符号を組み合わせて送る。

数は、九名が一年半以内であり、しかも中途採用の先生が非常に多いのです。それは若い男性教員は徴兵されたからであり、穴埋めは代用教員※がほとんどでした。戦争末期には四名に一名が代用教員だったらしいのですが、前芝国民学校はもっと多かったように思われます。

壺井栄《つぼいさかえ》作、名女優高峰秀子《たかみねひでこ》主演の『二十四の瞳※』は、昭和三年から昭和二十一年までの、香川県小豆島《しょうどしま》の子どもたちの生活と運命、大石先生の苦悩を描いた映画です。これまで何回もテレビで放映されている名作です。みなさんにも是非観ていただきたいと思います。

代用教員
小学校の正規教員の資格を持たない教員、多くは旧制中学、旧制女学校卒業者（豊橋中学、豊橋商業、豊橋高女）など。

二十四の瞳
昭和二十九年（一九五四）、木下恵介監督作品。

予科練と徴兵

宝飯郡前芝村在郷軍人会前芝分会　昭和19年春頃
前から2列、向かって右から6人目、軍刀を持つのが牧平精一分会長(筆者父)

「海軍甲種《こうしゅ》飛行予科練習生」※募集と教育現場

みなさんは「特攻隊」という言葉をきいたことありますか？
正式には「神風《しんぷう》特別攻撃隊」※といいますが、神風はカミカゼではなくシンプウと読みます。

豊橋には「海軍甲種飛行予科練習生」（予科練）に志願し、昭和二十年（一九四五）五月四日特攻死した、野村龍三《のむらりゅうぞう》海軍二等兵曹（戦死後特進※少尉）がいます。彼はあまりにも成績優秀であったがため、十六歳で抜擢され二五〇キロ爆弾を装着。飛行も危うい「九四式水上偵察機」で沖縄のアメリカ軍機動部隊に向けて飛び立ったのです。

太田幸市氏の著書『豊橋軍事史叢話《そうわ》』に「九四式水上偵察機、出撃す」という項があります。その記述から当時の少年たちが海軍や陸軍の応募に志願入隊したときの、軍部の動きと教育現場のようすをかいつまんで記してみます。

九四式水上偵察機

太平洋戦争が始まったとき、海軍戦闘機搭乗員は六、三二八名であったが、二年後の昭和十八年末までに戦死者数は六、七一一名に達したというから、海軍搭乗員の消耗がいかにすさまじいものであったかがわかる。特に、真珠湾攻撃※に参加したベテラン搭乗員のほとんどが、開戦後一年以内に戦死している。この予想外の事態に海軍軍令部（戦争推進の作戦、用兵の最高責任部署）は、海軍省に対して、十九年末までに四万二千名の搭乗員養成を要求した。そして海軍は、強力な予科練募集の大キャンペーンを展開する。

もともと少年兵志願制度（自ら希望し入隊）があり、海軍は昭和五年から、甲種飛行予科練習生を、陸軍は昭和九年から、陸軍少年飛行兵を募集していた。そして終戦までに、それぞれ二二四一、二八三名、五八、四六〇名という大量の軍国少年が志願した。

死亡率の高い※「飛行機乗り」になることには父母の根強い反対があった。そこで海軍は、十七年にまず制服を水兵服から当時の少年少女の憧れのまととなった詰め襟、七つボタンに改めてイメージアップをはかった。そして、予科練募集のポスター・案内書を大量

甲種飛行予科練習生
昭和十三年、さらに航空機戦力の急速な拡充のため、搭乗員の大量養成が必要となり、従来の少年航空兵を乙種予科練習生と称し、新たに旧制中学校四学年一学期終了以上（後に三年修了程度）の学力を有する志願者から採用した。

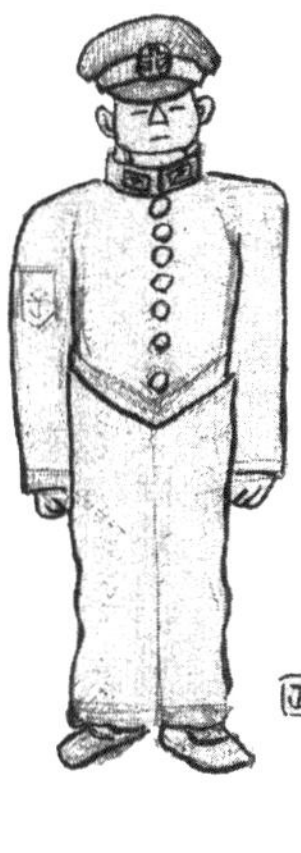

純白の夏服（二装）（「甲飛電測二飛曹」より）

神風特別攻撃隊
海軍で編成された航空機による特攻攻撃隊。昭和十九年

に製作して学校に配布し、卒業生の海軍士官や高級将校を派遣して時局（その時の戦況や国際情勢）講演会を開催したり、戦意高揚の映画会を催したりした。従って、志願者の大半は十八年以降である。

　愛知県では甲種飛行予科練習生の募集に当たっていた。少年たちがどのように志願したのか、いくつかの史料をあげると『豊商八十年史』（現県立豊橋商業高等学校）に「昭和十八年六月二十九日、甲飛練応募者の割り当て五一人くる」との記述があり、各学校の割当て志願者数が次のように記されている。豊中六〇人、豊橋二中（戦後の学制改革で県立豊橋東高等学校へ吸収）六一人、豊商八八人、新城農蚕（現県立新城高等学校）三二人、成章五一人。『新城高校五十年誌』には、「昭和十八年、一校当たり何人の応募者を出せという命令がきた、そのたびに同級生の何人かが説得されて志願した」とある。そして、『愛知二中・岡崎中学九十年史（現県立岡崎高等学校）』によると「岡中でも甲飛練募集の締め切りが近づいた昭和十八年七月初めのある日、全校生徒を講堂に集めて校長が時局を語り、涙を流し

十月、米軍のフィリピン上陸作戦に対抗するため編成されたのが最初。米空母等に体当たり攻撃を行った。隊員の生還手段を取らない組織的な特攻で戦果を挙げたが、アメリカ軍の対策により一時的なものに終わり、戦局を覆すことはなかった。

特進

殉職に伴って在職階級から特別の扱いで昇進させる制度。

　戦前、特進は珍しいことであった。しかし、戦死者が桁違いになった太平洋戦争では、二階級特進が一般的になった。わたしの父は少尉であったが、戦死後中尉に特進した。

真珠湾攻撃

一九四一年十二月七日（日本

ながら甲飛練への応募を訴えた。四年生・五年生の全員がクラスごとに甲飛練志願を決意した」と記されている。また、愛知一中(現県立旭丘高等学校)でも校長、配属将校らによる時局講演会や、上級生有志の呼びかけによる生徒大会が開かれ、三年生・四年生の有資格者全員の甲飛練応募が決議された。

これが予科練募集の実態だったのです。

野村龍三氏は豊橋中学校四七回生(昭和三年生まれ・現時習館高等学校)でした。わたしは、龍三氏の妹の高橋恵子《けいこ》さんが書いた『誰かが志願してこの国を護らなければ、日本は滅びてしまうのです』と懸命に訴えていた兄。最初から反対の父も兄のあまりの決意に押されて、ついに判を押した」という文章を読みました。そこで、直接当時のことをお尋ねしたところ「反対した父母を説得しているのをそばで聞いていました。わたしは四年生でした」とのことでした。

では八日未明)、休日である日曜日を狙《ねら》い、ハワイオアフ島真珠湾にあったアメリカ海軍の太平洋艦隊と基地に対して、日本海軍が行った航空機及び潜航艇による奇襲攻撃。太平洋戦争が勃発。

死亡率
昭和十八年度までの入隊者数、及び戦死者数。
入隊者数　五、四七三名
戦死者数　三、九四七名
戦死率　　七二%

前芝中学校、谷中緑《やなかみどり》現校長先生のお父さん、谷中猛《たけし》氏は十九年豊橋市立商業学校二年生(昭和四年生まれ・十四歳)のとき予科練に合格入隊されました。今回当時のことを思い出して一文をしたためてくださいましたので、一部紹介をさせていただきます。

「志願にあたり、両親に言えば反対されるので、内緒で印鑑を押し受験しました。一次試験は忘れもしない二月十五日、『鬼祭り』でした。合格通知が来てから両親に話しました。……予科練の入隊はお国のためとの強い信念からであり『死』を覚悟しての決心でした。二次試験に行く時は、町内の大勢の人に見送られて、集合場所の松山小学校校庭に集合しました。豊橋からの受験生五～六人が市の担当者に引率され豊橋駅に向かい、目に光るものを溜めた恩師の見送りを受けながら夜行列車に乗りました。早朝、滋賀県大津の海軍航空隊へ到着しました。二次試験も合格して入隊!それは厳しい訓練でした。しかし、今思えば幾多の苦しみもまた、志を貫くために一生懸命努力し充実した予科練生活でした。……」

野村氏や谷中氏をはじめ親の反対を振り切って志願したときの、息子を思う父母の気持ちはどんなものだったでしょうか。

しかし、先にあげた史料の中には、野村龍三氏や谷中猛氏のように自らの志と固い意志ではなく、「親一人子一人の家庭にも、関係者が何度も説得に訪れた」「何人かが説得されて志願した」という記録もあるのです。

驚くべきことです。一校に何名出せという命令があり校長が志願するように訴え、関係者が何回も訪れたというのです。自由意志ではなく、周りの力が大きく働いたということなのです。

野村龍三氏をはじめ、大募集以前から予科練に志願して飛行機乗りになった人たちは、二五〇キロ爆弾を抱き片道の油だけで「必死」を意味する特別攻撃隊を想定して志願したわけでは決してありませんでした。

特攻隊の生みの親といわれる（実際は違う）大西瀧治郎《おおにしたきじろう》中将は「統率の外道※」と言っていますが、完全なる負け戦に対し一矢報いるた

外道
真理にそむく道。また、その考えをもつ者。

海軍飛行兵募集のポスター

めに編み出されたもので、特別攻撃隊の出動はフィリピンにおける昭和十九年十月の「レイテ海戦」が初めてでした。飛行機乗りに憧れ、国を家族を守るために志願した彼らは意思に反し外道の作戦に組み込まれてしまったのです。

特攻は志願を建前にしていますが、多くは志願せざるを得ない状況に追い込まれました。軍神とたたえられた関《せき》大尉率いる敷島《しきしま》隊の五名は上官から「行ってくれるか」打診されますが、しばし沈黙していました。すると「行くのか行かんのか！」と大声で迫られたと言われています。隊長の関大尉は「一晩考えさせてください」と一時保留しました。しかし結局五人とも志願しました。関大尉は出撃前取材特派員に「日本ももうおしまいだよ。ぼくのような優秀なパイロットを殺すなんて。ぼくは天皇陛下とか、日本帝国のためにとかで行くのではない。最愛の妻のために死ぬのだ」と語ったと言われています。

敷島隊が大戦果をあげたため、それからは作戦の柱になっていきました。

レイテ海戦
フィリピン、シブヤン海で行われた海戦。戦艦大和（沖縄への特攻作戦で撃沈）とともに日本海軍の代表的戦艦「武蔵」が撃沈される。ほかの戦艦過半数を失い、日本海軍は息の根を止められる。

航空戦が主体になった日米戦では、巨艦主義は通用しなかった。

平成二十七年三月、シブヤン海で「武蔵」の船体の一部が発見された。

前芝校区での予科練志願

聞き取りによると、昭和三年（一九二八）生まれの方たちが五人志願していました。豊橋中学、豊橋商業からです。聞き取りも最後の二十六年三月、前芝町の石原平一《へいいち》さんの存在を知り、話をうかがいました。石原さんは、わたしが前芝小学校で担任した子どものお父さんでした。

石原さんは豊橋商業からまず豊川海軍工廠へ学徒動員されました。二ヶ月くらいたったある日、学校から教頭、主任先生が工廠まで来て、「おい石原、海軍の予科練へ行ってくれないか」と言われ、パイロットに憧れていた石原さんは「ハイ」と答えてしまったそうです。一次試験は岡崎中学、二次試験の広島、呉の大竹海兵団※へは「学友のところに泊まる」とウソをつき受験し、難関を突破して合格したそうで、予科練十五期生でした。

石原さんたちは、「飛行機に憧れ国のため、故郷のために命を棄てるつもりで志願したのです。しかし、志とは異なり飛行兵としての

大竹海兵団
軍港の警備防衛、徴兵された水兵の教育、下士官の再教育機関。海軍陸戦部隊の編成、教育、強化が行われた。

電測学校
電波により飛行機や艦船を探知するための研究・知識技能の習得・兵員確保を目的とした学校。

専門教育は受けることなく電測学校《でんそく》※で勉学・訓練に明け暮れることになりました。そして卒業すると、香川県の観音寺《かんのんじ》航空基地に配属となり、彼らが訓練する飛行機も無い状況でほぼ一年の予科練生活の後、帰還されました。

すでに戦友会編の『続編 甲飛電測二飛曹《こうひでんそくにひとう》』に「想い出」の一文を書いておられました。その中から一部要約して記載してみます。

「……土浦《つちうら》海軍航空隊※に入隊し、海軍電測学校で『訓練、訓練』『勉強、勉強』と頑張りました。……観音寺航空基地ではもう訓練する飛行機はありませんでした。基地では、時々、午前三時起床して先輩方の特攻出撃のための移動に帽子を振って見送りを数回したと思います。勇ましく立派な姿だと心から思いました。

ある日、『予科練集まれ！俺たちは明日の朝出撃する。貴様たちは、国のため、故郷のため永遠に生きてくれ』などと言われ、わたしはなにかを頂きました…」。

土浦海軍航空隊
日本海軍の部隊・教育機関の一つ。予科練の練成を行ってきた、霞ヶ浦海軍航空隊を初歩練習・実用練習部隊に改編させるため、予科練習部を独立移転させる形で発足した。太平洋戦争開戦とともに、三重海軍航空隊など、全国各地に設置された。

話しているうちに石原さんがズボンのベルトを緩め腹巻きから写真を取り出し見せてくれました。それは石原さんが予科練に入隊した時の七つボタンの写真でした。「わしは帰還以来、この写真を風呂に入るとき以外は腹巻きに入れている」とのことでした。お話から特攻出撃して散ったであろう先輩の言葉を胸に、そしてお守り代わりに写真を腹に抱いて生きてこられたのだと、わたしは言い知れない感動を覚えました。

当時の子どもたちは予科練の歌である「若鷲《わかわし》の歌」をみんな歌っていたそうです。

「若鷲の歌」　作詞・西条八十

一　若い血潮の予科練の　七つボタンは　桜に錨《いかり》
　　今日も飛ぶ飛ぶ　霞《かすみ》ヶ浦に　でかい希望の　雲が湧く
二　燃える元気な予科練の　腕はくろがね　心は火玉《ひだま》
　　さっと巣立てば　荒波越えて　行くぞ敵陣　殴りこみ

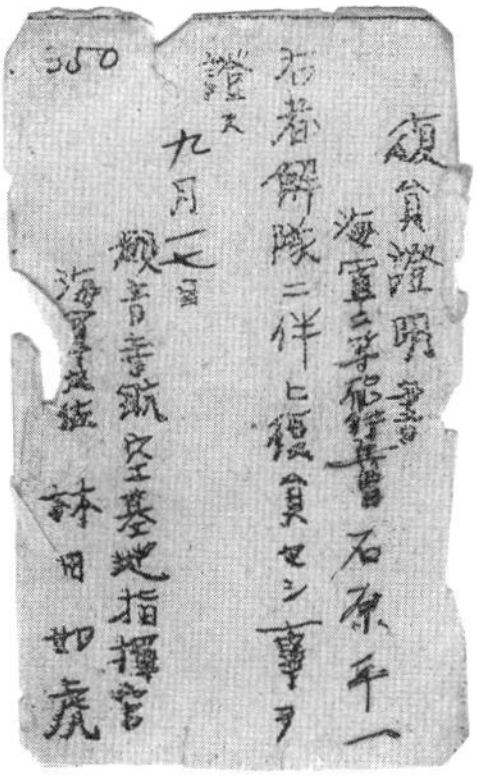
350
復員證明書
海軍二等飛行兵曹　石原平一
右者解隊ニ伴ヒ復員セシ事ヲ
證ス
九月一七日
観音寺航空基地指揮官
海軍大佐　林田如虎

入隊当時の予科練姿（一装）　石原さんが今も腹巻きに入れている

「若鷲の歌」はこのような歌詞で、「同期の桜」とともに戦後もずっと最も愛唱された軍歌でした。わたしもよく歌いました。

「同期の桜」　作詞・西条八十

一　貴様と俺とは同期の桜　同じ兵学校の庭に咲く
　咲いた花なら死ぬのは覚悟　みごと散りましょう国のため

二　燃える元気な予科練の　腕はくろがね　心は火玉
　さっと巣立てば　荒波越えて　行くぞ敵陣　殴りこみ

海軍特別幹部練習生募集

昭和二十年(一九四五)五月はすでに飛行機もなく予科練募集中止の後、少年兵確保のため創設されました。採用数は一五、五四〇名でした。志願した少年たちはおもに「水上水中特攻兵」としての訓練中に敗戦を迎えます。著名な作家であった今は亡き城山三郎《しろやまさぶろう》※氏もバリバリの軍国少年で、親の反対を押し切って志願入隊しました。

しかし、末期の海軍は思い描いていたものとはあまりにも違い、理不尽なシゴキの世界でした。三ヶ月の経験が城山文学のバックボーンです。

石原さんも「顔を殴られるのは日常茶飯事で、何かに付けて連帯責任で『バッタ』と言われるバットを一回り太くした『精神注入棒』でお尻を三発ぐらい思い切りひっぱたかれた」と語られました。

城山氏の体験は小説「大義の末」「一歩の距離」などにくわしく描かれています。

城山三郎　(一九二七～二〇〇七)
名古屋生まれ。一橋大学卒業後、愛知学芸大学に奉職。昭和三十四年『総会屋錦城』で直木賞受賞。経済小説の開拓者。

何かにつけ「精神注入棒」でお尻を叩かれた(「甲飛電測二飛曹」より)

敗戦直前で乗る飛行機もなくなった彼らは、水上特攻の乗員に振り向けられたり、なかには本土防衛の陣地構築にまわされたりしました。豊橋でも豊川の支流である朝倉川《あさくらがわ》に小規模でしたが「震洋艇《しんようてい》※基地」がありました。特攻艇の基地です。彼らは訓練に明け暮れていたのです。一般住民はそこには近づけなくなっていたそうです。

幸いなことに十八年以降に大量募集された甲種飛行予科練習生は、野村龍三氏を除いてほとんど特攻死することなく帰還することができました。もし終戦が少しでも遅れたならば、予科練志願者の特攻作戦による戦死者はかなりの数にのぼったに相違ありません。

特攻隊といえば、「神風特攻隊」「人間魚雷回天」などが代表的です。しかし何が特攻死ということは難しく、靖国神社※に聞いてみたところ、四千五百名から六千名という解答でした。

大事なことは、何が特攻死かがはっきりしていないことです。だから推定の人数になっているのです。

昭和二十年六月以降は、海軍に限らず陸軍兵も、対戦車戦闘で爆

震洋艇
太平洋戦争末期に、日本海軍が開発した特攻兵器。小型のベニア板製モーターボートの船内艇首に炸薬《さくやく》を搭載。搭乗員が操縦して目標艦艇に体当たり攻撃をする。最大速度時速九〇キロメートル。

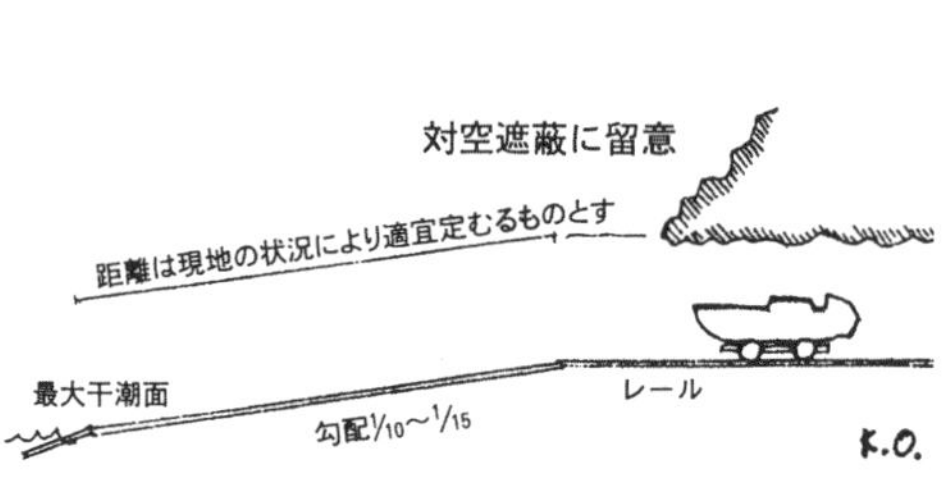

震洋基地構築要領（海軍施設本部・昭和20年2月10日調整）

弾を抱いて戦車の下に飛び込んで破壊する、特攻攻撃を命ぜられました。

わたしが知り合った松下政一《まさいち》氏（埼玉県）はフィリピン、ルソン島ですさまじい戦闘と飢えを体験し生き残った、数少ない兵士の一人です。松下氏たちの残兵は爆薬を抱いて次々に戦車に突入したそうです。しかし、幸運にも松下氏の番になった時、退却命令が出て命拾いしたのです。

十八年、少年兵の大募集が行われている頃、同時に学徒動員計画が進められていました。

そして、二十年三月から十三歳（国民学校高等科一年）の少年少女たちが、「海軍工廠」や兵器生産工場へ動員されることになります。

震洋艇

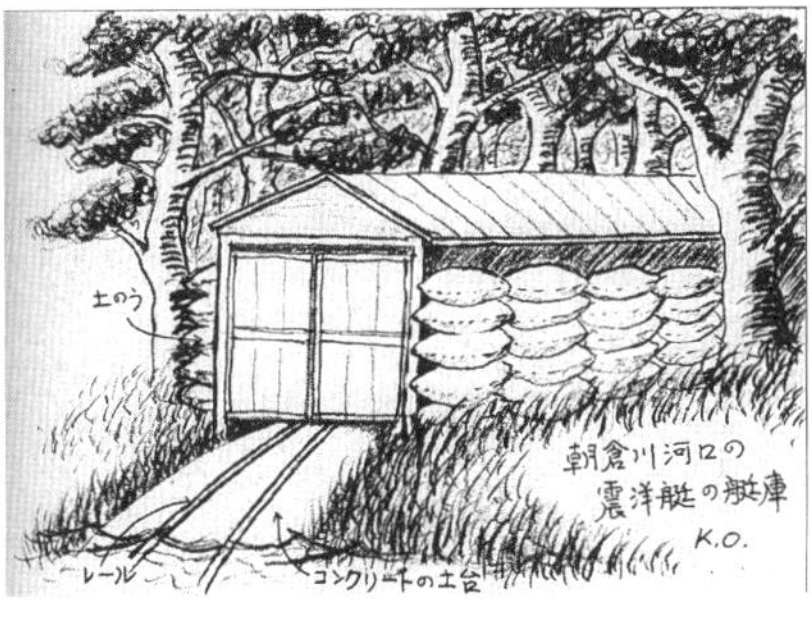

朝倉川河口の震洋艇の艇庫

徴兵制度と在郷軍人会

明治からの日本の男子は、満二十歳の五月に徴兵検査を受け四十歳まで(昭和十九年から十九歳~四十五歳)兵役《へいえき》義務をかせられていました。徴兵検査で体格、視力などの検査を受けると、「甲種《こうしゅ》」「第一乙《おつ》種」「第二乙種」「丙《へい》種」にランク分けされ、身体や精神の状態が兵役に適さないものは「丁《てい》種」とされました。

甲種、第一乙種で合格した者は現役入隊といい、陸軍では二年間の兵役につきました。海軍は志願が主体※でした。

甲種合格は、身長一五二センチ以上で身体強健、視力がおおむね良好な者でした。ずいぶん小柄であると思いますが、明治時代は十人に一人か二人しか合格しませんでした。養護教諭の先生によると、平成二十五年度四月の前芝中学校二年生男子では三十三人中一五二センチ未満は五人しかいないそうです。

このように小柄でも、体力は現在の青年に比べてはるかに勝っていました。軍隊における完全武装は、なんと約三〇キロを背負い歩

靖国神社

靖国神社は、明治二年(一八六九)創設の靖国招魂社が始まりで、明治十二年「靖国神社」と改称された。

神社には現在、幕末の嘉永六年(一八七四)以降、明治維新、戊辰《ぼしん》の役、西南の役、日清日露戦争、太平洋戦争などの国難に際して、国を守るために尊い生命を捧げられた二四六万六千余柱の方々の英霊が祀《まつ》られている、国家主義的な神社である。

靖国神社には現在A級戦犯として死刑になった東条英機など一四名が、国民に知らされないままいつの間にか(昭和五十三年)合祀《ごうし》されている。

天皇陛下は合祀の事実が分かった後、靖国参拝を取りやめている。

兵は一時間に四キロメートルの速度で行軍したのです。戦場では携帯食料などでさらに重くなりました。みなさん一度三〇キロの荷物を背負って一キロでも歩く体験をしてみたらどうでしょうか。

昭和十四年（一九三九）までは、甲種、第一乙種合格者の中から必要な人数が現役兵として抽選で集められました。任期を終え満期除隊になり前芝に帰った者は予備役兵、まだ召集されていない者を補充兵といい、在郷軍人として組織され待機集団となっていました。二十歳からは義務ですが、十七歳から志願によって軍隊に入ることができました。

前芝村では五月から七月に徴兵検査を受けました。その年に検査を受けるのは、前年十二月一日からその年の十一月三十日までに二十歳となる人でした。

徴兵検査を受けた人のうち現役兵（その年十二月に入営して兵役につく者）として徴集されたのは、昭和十二年は二五％でしたが、昭

中国・韓国は、総理大臣が参拝することに対し特に問題視する。そのため、A級戦犯を靖国神社から分けて祀る考え方もある。昨年末（平成二十五年）に安倍晋三総理大臣が靖国参拝をしたことに対して、アメリカまでも「失望した」と公式表明をしている。

海軍の徴兵
現役入隊は陸軍であり、海軍は機械を動かす専門職的な部分があるので、基本、選抜した志願兵を重視した。

しかし、それでは不足したので、昭和期は三年を任期として、徴兵は一月に入営した。志願兵は五月から六月に入営して、任期は五年。

和十九年になると、現役兵はもちろん補充兵として在郷軍人会に在籍していた第二乙種の男たちにも「召集令状（赤紙※）」が来てほとんどの男たちが出征していきます。

わたしの父は十八年後半から、十九年五月出征するまで「在郷軍人会前芝分会分会長」を務めていました。在郷軍人会の役員は、彼らに対する軍事訓練や召集出征の指導、そして会員は出征家族の援護などに当たりました。

役場に「兵事係」という職員がいて、徴兵検査の結果に基づいて徴集のための資料が作られました。戦争や紛争などの非常時には、軍から来る徴集要請人数に基づき「赤紙」を作成し、本人宅に届けました。兵事係はさぞかし辛い仕事だったと思われます。その時「このたびはおめでとうございます」と言って渡されると「ありがとうございます」と言って受け取ったそうなのです。

十九年暮れには兵役年齢が十九歳までとなりました。小林友治《こばやしともじ》さん（梅薮《うめやぶ》町）と山本新一郎《やまもとしんいちろう》さん（日色野《ひしきの》町）は、お二人とも大正十三

赤紙

召集令状が赤い紙に書かれていたので「赤紙」と言った。他にも目的によって「白紙」「青紙」もあった。

兵隊は一銭五厘で招集されたといわれる。それは、明治三十二年四月から昭和十二年三月まで葉書代が一銭五厘であった。

召集令第一八条に「召集令状は市町村長より応召員に公布するにはすべて封筒を用いざるものとす」と、決められていたことからである。

役場の兵事係　召集令状・徴用令・戦死公報を配った

年(一九二四)十二月十二日生まれでした。十二月生まれなので本来なら次年度でしたが、その年から十九歳まで徴兵対象となったため、お二人も七月に二十歳の人といっしょに十九歳で徴兵検査を受け、十二月一日に入営したそうです。

同様に大正十四年生まれの秦政美《はたまさみ》さん(日色野町)や鈴木喜美夫《きみお》さん(梅藪町)も十九歳の徴兵として検査を受け入営しました。

小林さんは航空機器整備兵として福岡で終戦を迎えました。また新一郎さんは特務機関の教育を受け、中国語、ロシア語、モンゴル語をある程度理解できる三人がチームを組み情報収集に当たっていました。しかし満州で終戦になり、ソ連軍の捕虜となってシベリアに抑留されました。そして、二年半近く過酷な強制労働をさせられた上で帰還されました。政美さんと喜美夫さんは国内任務でした。まさに軍隊は運隊です。

さらに二十年五月、日色野町の牧平剛《まきひらつよし》さんや坂本親民《ちかたみ》さんなどが十九歳で徴兵検査を受け、十二月ではなく剛さんは五月、親民さん

兵は馬よりはるかに安価な消耗品のようにみなされていた。

前芝役場　昭和6年8月完成

は八月に徴集され任務についたのです。ということは、十二月入営の原則も守られずすぐ入営させられたことになります。

入営するときは、村じゅうで三河一宮の砥鹿《とが》神社と石巻《いしまき》神社に参りに行ったそうですし、村の娘たちが千人針と、千人旗を走り回って用意してくれたそうです。


前芝では「出征兵士があると、生徒たちは学校から先生に引率されて神社へ行った。在郷軍人会の人々、子どもたち、村民が社前に並んだ。出征兵士はまず神前で氏神様にご加護を祈った。その後、村長や在郷軍人会の偉い人が激励の言葉を述べ、最後に本人が出征する決意の誓いの挨拶をした。そしてわたしたちは、日の丸を打ち振りながら横堀川《よこほりがわ》※にかかっていた小橋のところまで見送った」とのことで、同時に三人も出征したときもあったそうです。

父(甲種合格)は祖父母にとって唯一の子どもであり、しかもすでに三十八歳で兵役は終えている老兵でした。それでも十九年五月赤紙がきたのです。わたしが四歳でした。

石巻山

在郷軍人会分会長としてたくさん送り出したこともあり「オレももう行かなくては」と言っていたと母から聞いていました。りりしい軍服姿で神社の拝殿から挨拶をし、たくさんの日の丸の旗と歓呼に送られ、飯田線小坂井駅から電車に乗って出征する情景をよく覚えています。

六月二十二日消印で、広島から外地出征に先立ち遺書とも取れる手紙が来ました。

　春の野に共に増産誓いたりし
　　今もののふの夢路たどらん

父は帰れぬことを覚悟してフィリピン、マニラに渡ったと思われます。

マニラに到着後の七月下旬頃に出した手紙に「任地到着以来お手紙二通出しましたが、到着したでしょうか。……つつがなく健康に

横堀川　清須町との境界、現在の「喜寿園」のあたりを通って豊川に合流。

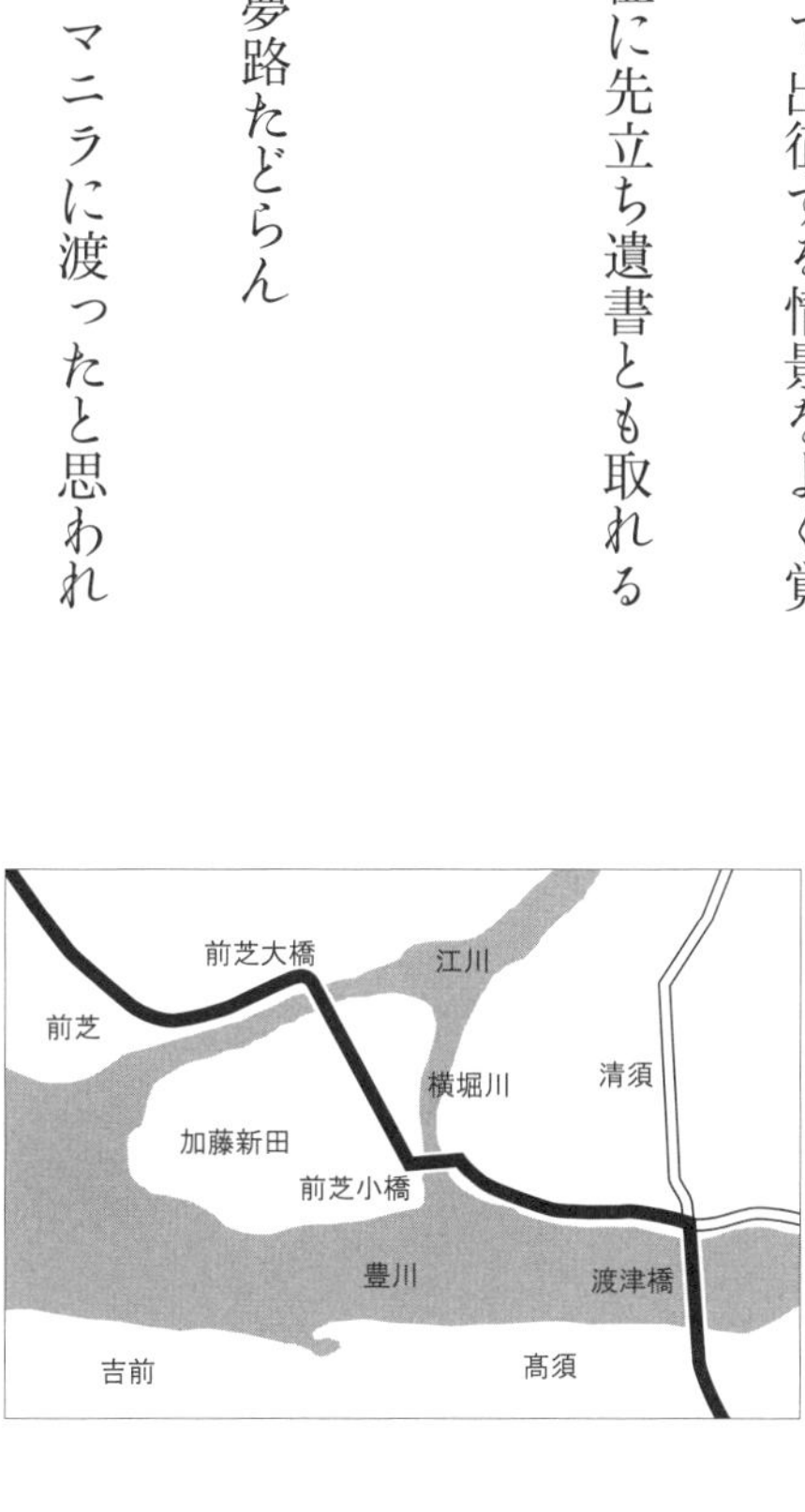

父・精一の軍歴（明治三十九年生まれ）
大正十五年十二月　砲兵二等卒　一年志願兵として入営

て任務遂行いたしておりますことは、ひとえに村民ご一同ならびにご両親様はじめ家族全員の死力のご信仰による神仏の加護と厚く感謝いたし、遥かに遠い北の方を伏して拝み、感涙の黙祷を捧げるしだいであります。……」

十一通の手紙の中に「神仏加護」を頼む言葉が四回書かれています。出征兵士たちはなんとしても家族のもとに生きて帰りたかったのです。

わたしも母に連れられてよく神社にお参りに行きました。石巻山へ行ったとき、神社の急な階段から五～六段も転げ落ちてしまったことを鮮明に覚えています。家族は神仏に加護を祈るしか方法はありませんでした。

昭和二年
四月　現役 砲兵一等卒
六月　砲兵 上等兵
十一月　砲兵軍曹

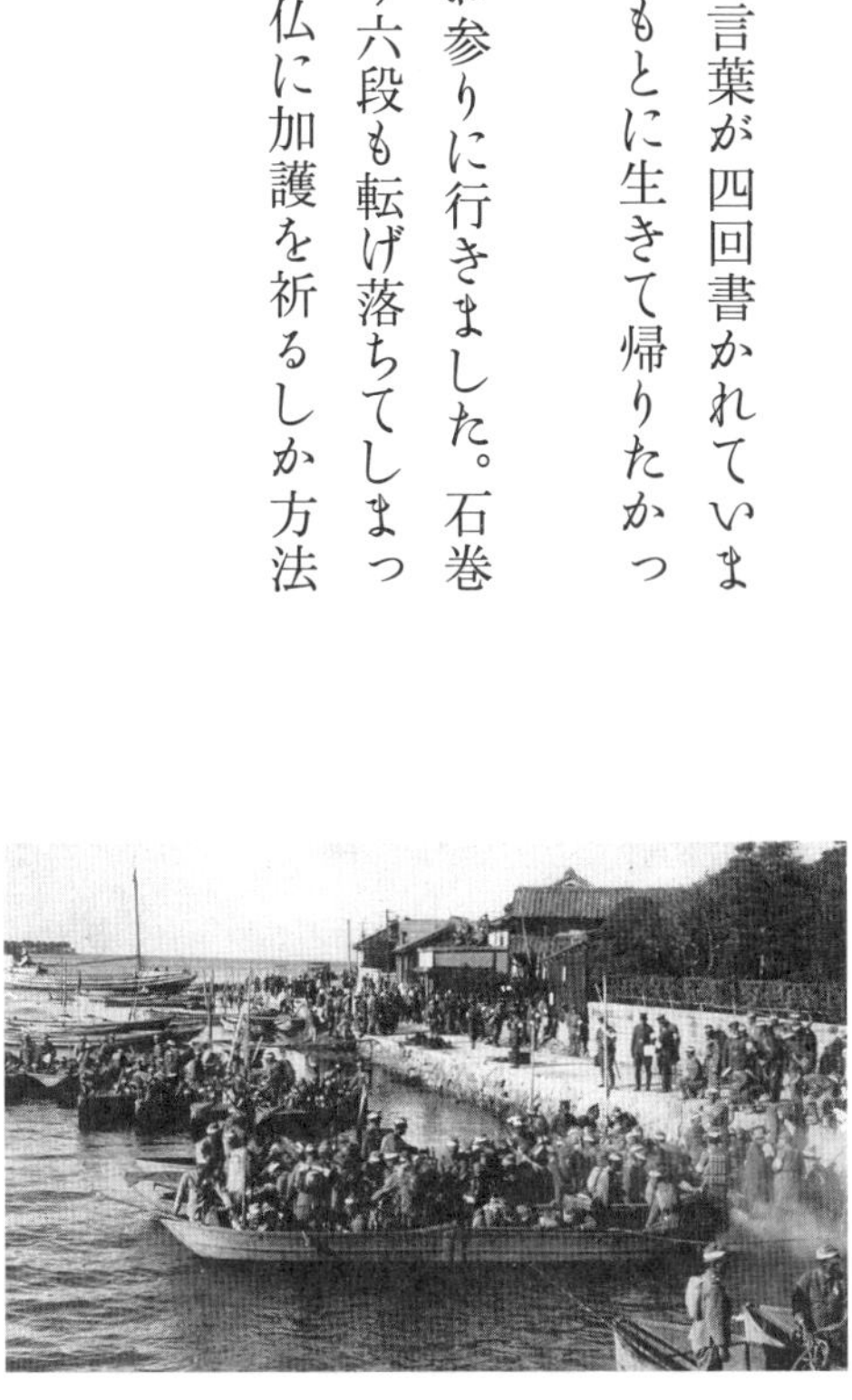

十二月　満期除隊（予備役）
在郷軍人前芝分会分会長
昭和四年
六月　砲兵曹長 応召

大正15年の台風で橋が崩落 そのため船で歓送

戦況と検閲《けんえつ》された手紙

確かに、太平洋戦争開戦直後の真珠湾奇襲攻撃の大戦果をはじめ、開戦当初陸軍は香港攻略、海軍はハワイに続いてマレー半島沖の航空戦でイギリス東洋艦隊の主力を全滅させ、翌年一月フィリピンのマニラ占領、二月シンガポールを陥落させ、国民は戦勝ムードにわきました。この時、豊橋じゅうの小中学生の旗行列があり、当時は貴重品であったゴムマリが特別に配られたそうです。国民は勝利に熱狂したのです。

それからいよいよ米軍が本格的反攻を開始した十七年(一九四二)八月の南太平洋、ソロモン諸島のガダルカナル島上陸以降は連戦連敗で、完全な負け戦でした。それでも軍は、戦争は負けていないのだと国民をだまし続け、前芝村からも男たちがはるか南方の戦場にどんどん送り込まれて行ったのです。

将兵たちは戦地からはもちろん、国内で見聞きしたことで軍に

見習士官
七月　召集解除
五年三月　砲兵少尉

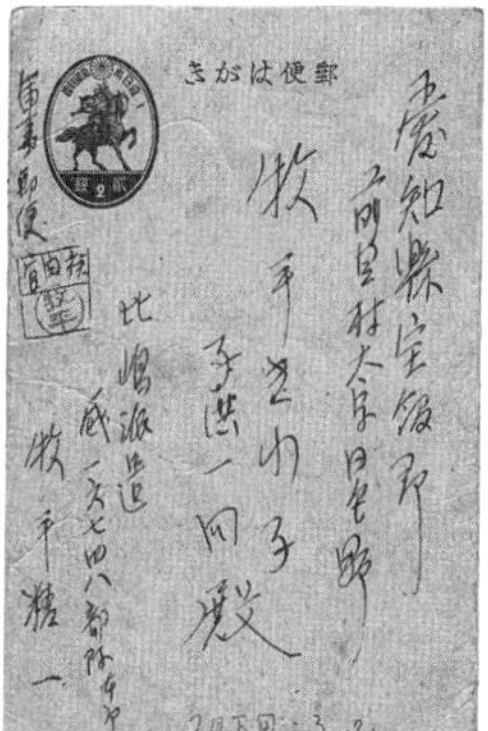

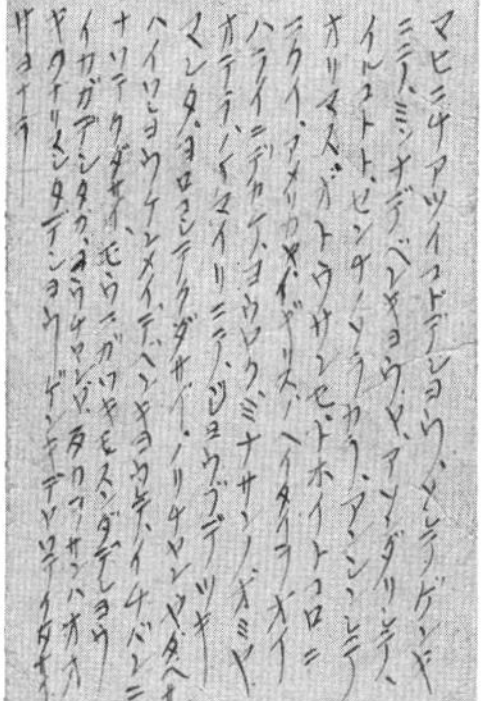

昭和十八年　在郷軍人前芝
分会分会長

マニラから子どもに宛てた手紙

とって、都合の悪いことは絶対機密として、家族といえども話したり手紙で書いたりすることは禁じられていました。ですから、家族へ当てた手紙は検閲官が内容を調べて許可がおりないと出すことはできませんでした。

わたしの父は将校（少尉）として検閲にも当たっていました。さぞかし辛い任務であっただろうと思います。ですから、十一通の手紙すべてが「牧平の検閲印」が押されています。昭和十九年十月下旬に、フィリピン、マニラから手紙が来ています。

「晩秋の季節になりました。ご両親さまはじめ皆さまお元気のことと推察申し上げます。私はその後、無事で極めて元気にフィリピン決戦にまい進いたしておりますのでご安心ください。フィリピン決戦も最高潮にたっし、絶対にフィリピンを死守すべく総力をあげて戦っております。敵撃滅を目標に攻勢に転じる勢いです。マニラ空襲もたびたびありますが、なんら被害もありません。……なにとぞお元気でお暮らしのほど、祈っております。」

母（きわ）詠む

三十三回忌に

君逝《ゆ》きしはるけき比島（フィリピン）をつつむ月か

今宵我が家の庭にさやかに

昭和五十四年　わたしと行ったレイテ島慰霊にて

陸なれば草の根分けても訪ねむに

涙にうるむ海のはてなし

三十七回忌に

子を頼む老父母頼むの軍事郵便

仏間に読みて鞭打ちてすぎぬ

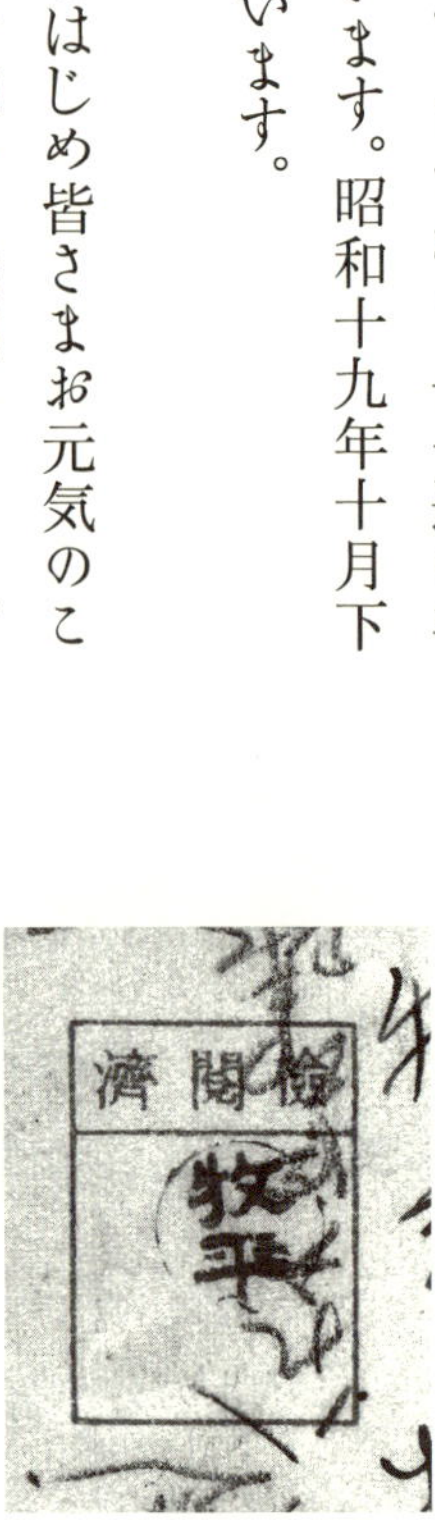

検閲印

この手紙が最後になりました。

すでに九月二十一日には米軍のマニラ攻撃が始っています。ですからこのころは、マニラ港や飛行場は猛爆撃を受けていたはずです。文字も鉛筆書きでかなり乱れており、危険な状況の中で書いたのではないかと思われます。

自分で検閲印を押す立場にあったのに、「なんら被害もありません」という内容なのです。軍は「負けてはいないのだ」の立場を取り、新聞やラジオの報道もそうでしたから国民は勝利を信じ、耐えて頑張っていたのです。

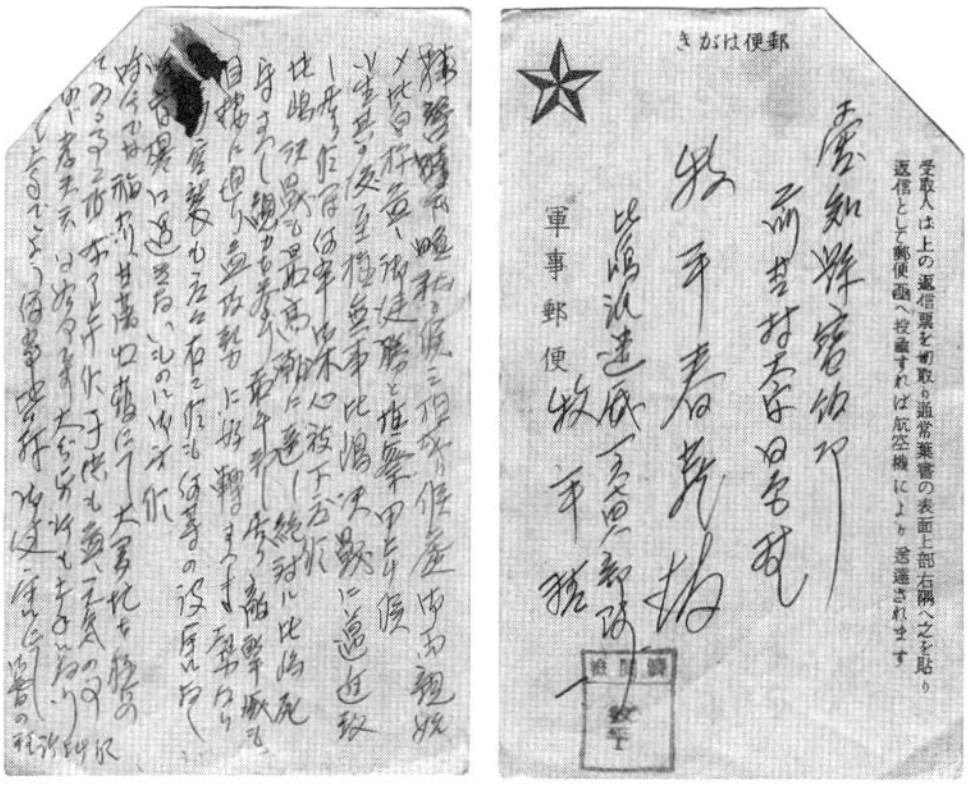

検閲された手紙

銃後の守り

終戦の年の前芝村は六六三世帯、人口三、六四二人でした。推定ですが前芝四五〇戸、梅藪一五〇戸、日色野六〇戸前後と考えられます。

昭和の十五年戦争における前芝村の従軍者は四二四名でした。まだ徴兵検査を受ける年齢にならない男は、海軍工廠などへ動員され、末期になると村には若い男はほとんどいなくなるほどでした。陸海軍の兵力動員は昭和六年（一九三一）二七万八千人、昭和十二年五九万三千人、昭和十三年一一三二万五千人と年を追うごとに増えていきます。そして太平洋戦争末期には、昭和十八年三六〇万八千人、昭和二十年七一六万五千人という根こそぎ動員となりました。

年老いた両親、いとしい妻や子どもを残し、後ろ髪を引かれる思いで出征していく悲しい風景が日常的に見られたのです。

残された高齢の男と女子《おんなこ》どもで、銃後を守り食糧生産に励むこと

左、防空壕に避難する豊橋市花田国民学校の子どもたち　右、前芝の堤防近くの家で消火訓練

になりました。

　特に女性は婦人会に属し、（当時は「大日本国防婦人会」）子育てから農作業と過酷でした。昭和十九年四月、防空壕強制執行令が出ると、どこの家でも庭先などに防空壕をつくり、空襲警報が発令されると防空壕へ入ることが基本となりました。空襲が本格化しだすと在郷軍人、警防団（前芝村消防組が戦時下、改組されて警防団といった）の指導で青年団とともにバケツリレーによる消火訓練、防空壕への退避訓練までする状況で、重荷が肩にズシリとのしかかっていました。今思うと豊橋空襲における焼夷弾《しょういだん》※爆撃には何の役にもたたず、なにを馬鹿げたことをしていたんだと思ってしまいます。

　二十年八月十五日終戦となりましたが、前芝村では従軍者の約三〇％の一二九名が戦死してしまったのです。

　父もその一人で、四人の子どもが残されました。

　わたしの「めもあある美術館」※の絵の中から一枚を掲げるとしたら、断然次の一枚です。それは父の戦死の知らせ（戦死公報）を見て

焼夷弾
焼夷剤（発火制の薬剤と油脂）をつめた爆弾。攻撃対象を焼き払うために使用する。そのため、爆風や飛散する破片で対象物を破壊する通常の爆弾と違い、焼夷剤が燃焼することで対象物を火災させる。

めもあある美術館
児童文学作家、大井三重子（一九二八～八六・推理小説作家、仁木悦子）の作品。
　わたしが教師になった昭和三十九年（一九六四）以降に教科書に採用されていて今も忘れられない作品。
　主人公は母に叱られ、針箱のへりをふんでひっくりかえし、下駄をつっかけて家を飛び出す。歩いていると、古道具屋があり、そこには額縁

「庭に四つんばいのように倒れこんだ祖母が土に頭をこすり付けるようにして『精一が死んじゃった‼精一が‼精一が』と悲痛な叫び声をあげ続け、母はその背後からすがりつき、ワアワア泣いている。四〜五メートルくらい離れた玄関から見ているわたし」。

今も脳裏に強烈に焼き付いています。わたしは戦死という意味もよく分からず立っているのです。

夫を亡くした妻は、子どもを抱えて言葉に尽くせぬ苦労を強いられました。今やほとんど亡くなられましたが、前芝校区で百歳前後の方が二名おられます。

とにかく前芝校区だけで一二九名の戦没者がいるのです。おじいさんやおばあさんに戦争で亡くなった人がいないか、聞いてみてください。先祖を祀っている家では、仏壇がある部屋に亡くなった方の写真が掲げられています。軍服を着た遺影は戦争で亡くなった方なのです。

も無い、亡き祖母が風車を持つ絵がある。男が来店し、その絵を購入。男について行くと、この絵はきみが描いた絵で、めもあある美術館に持って行くのだという。男とともに建物の中に入ると、扉のひとつに主人公の氏名が掲げられている。中には、飼い犬、隣家のスエちゃん、機関車の玩具、祖母などの絵が掛けられている。最後は、針箱を蹴飛ばしている主人公の絵。その先は額縁だけが掛かっている。男は、きみはこれからこの額のなかに絵を描きつづけてゆく、見たくなったならばいつでも見に来るように言い、見送ってくれる。

学徒動員

「豊川海軍工廠」に動員された学徒※

「海軍工廠」には早稲田、慶応、日大、明治、立命館など関東・関西の大学、高等専門学校がまず動員されました。昭和十九年（一九四四）に入るとやっと工廠勤務にも慣れた男子は戦地にとられ、一般の男子労働力はほとんど無くなっていました。そこでさらに県立豊橋中学校、市立豊橋工業学校、市立豊橋商業学校、市立豊橋高等女学校など東三河の中学校や女学校生徒、そして静岡県や東三河の女学校、その卒業生からなる女子挺身隊《ていしんたい》、豊川、宝飯郡の国民学校高等科の生徒など、全国各地から動員されました。

「国家総動員体制」のもとで、ひざもとの愛知県下からは六、四七九名の生徒が「豊川海軍工廠」へ動員されたと『愛知県教育史』に記されています。

国民学校高等科で動員されたのは、工廠に近い地域の生徒に限られ、豊川市と宝飯郡の生徒たちでした。したがって、現在の豊橋市

学徒動員

昭和十八年（一九四三）六月、「学徒戦時動員体制確立」を閣議（内閣の大臣による会議）決定した。

十九年、愛知県内政部長、愛知県警察部長、愛知県学徒動員本部長が「工場事業所などへ中学校低学年学徒及び国民学校高等科児童の学徒動員に関する件」を県下各中学校及び国民学校長宛に通告した。

これによって中学校二年以下の低学年生徒は、同年十月中の動員を完了。国民学校高等科生徒は二十年三月から実施された。

で動員された国民学校高等科の生徒は前芝のみでした。それは昭和三十年三月、前芝村が豊橋市に合併するまでは宝飯郡であったからです。なお、八名郡《やなぐん》八校※、南設楽郡五校※、北設楽郡六校から出動した二五二名は、動員後通勤が困難なこともあって一ヵ月で退廠《たいしょう》しました。

農業学校の生徒は軍需工場への動員はありませんでした。それは農家への支援労働、灌漑《かんがい》用水の設備などを行い、大切な食糧増産に貢献することをかせられたからです。

秦静夫《はたしずお》さん（日色野町・昭和六年一月生まれ）の話では「わたしたち同級生は、二十年二月初めから『住友小坂井工場』へ動員された。卒業すると、わたしは蒲郡農業学校へ進学した。

西小坂井駅※はまだなかったので、前芝からは自転車で愛知御津の駅まで行き、汽車で蒲郡まで通学した。学校は三時までなので、大体三時五〇分頃の汽車で帰った」そうです。

八名郡八校
朝倉川以北のおおむね豊川・宇連川左岸、現在の豊橋市・新城市に属する石巻村、八名村、舟着《ふなつけ》村などの国民学校。

南設楽郡五校
現在、新城市に属する旧鳳来寺村・長篠村の国民学校。

西小坂井駅
昭和二十年（一九四五）六月十日、住友金属工場への材料輸送のために開設された。
その後、二十三年八月一日、人も乗り降りできる西小坂井駅となった。駅舎は旧小坂井町、前芝村の地元負担金（前芝村は七五、九〇〇円）で建設費を負担して建築、旅客・貨物取扱駅として営業を開始した。

国民学校高等科二年生の動員状況※は次のようでした。

豊川市
・牛久保国民学校　四〇名　(一一)
・平尾国民学校　三七名
・国府国民学校　一三〇名(一八)
・八南国民学校　四五名　(四)
・豊川国民学校　五〇名　(七)
・千両国民学校　一四名
宝飯郡
・前芝国民学校　三四名　(一〇)
・一宮東部国民学校　八一名
・一宮西部国民学校　三〇名　(三)
・小坂井東国民学校　四一名　(三)

(　)内は犠牲者数

動員された五〇四名のうち、五六名が犠牲になり、まさに教育史上最大の事件でした。「海軍工廠」で犠牲になった方が、四・四%であったのに対し、国民学校生徒の死亡率が一〇・七%と高いのは、夜

宝飯郡の動員状況

御津町、音羽町の国民学校は、通勤時間の関係と思われるが一般の軍需工場や食糧増産に関わる勤労動員であった。

小坂井西国民学校の動員状況の記録はないが、小坂井西小の学区の方たちに聞いたところ、軍需工場へは行かなかったとのことなので、御津町や音羽町と同様、食糧増産に当たったと思われる。

勤がなく昼間の勤務であったためでした。
当日前芝は、二名休んでいたので実質三一%であり、一〇校中最も高率の犠牲者を出したことになります。

「ああ紅の血は燃ゆる(学徒動員の歌)」　作詞・野村俊夫

花もつぼみの若桜　五尺の生命ひっさげて
国の大事に殉《じゅん》ずるは　我ら学徒の面目ぞ
ああ紅の血は燃ゆる

後に続けと兄の声　今こそ筆をなげうちて
勝利揺るがぬ生産に　勇みたちたる強者ぞ
ああ紅の血は燃ゆる

君は鍬とれ我は槌《つち》　戦う道に二つなし
国の使命にとぐること　我ら学徒の本分ぞ
ああ紅の血は燃ゆる

海軍工廠工員募集のポスター

日色野ゆかりの大林淑子《よしこ》さん

淑子さんは、市立豊橋高等女学校二年生で犠牲になりました。防空壕から血に染まった日記が発見され、そして後、『淑子の日記』として出版されました。海軍工廠の悲劇を語る時、忘れることのできない貴重な資料となっています。日記で淑子さんは、作業を始めることを「突撃を開始する」と表現をしたり、

昭和二十年（一九四五）四月十七日には

「ニュースを家中で聞いた。二八隻撃沈というすごい戦果であった。後に、これはみな特別攻撃隊のおさめた戦果だと聞いて、思わずみんな頭が下がった。ただ感謝して家中でお祈りをした。私たちの腕で作った弾丸が、もうきっと出撃してやっつけたと思うと、益々うでがなる。今日働くということがはっきりと頭に浮かぶ」と書き、

五月十三日

　国思ふ誠心は火と燃えて

　　いかなる苦難も正しく進まん

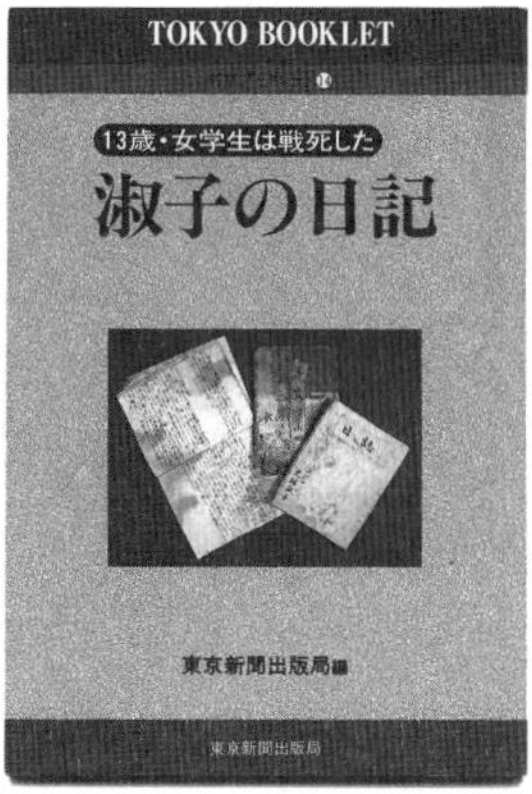

淑子の日記

六月五日
暑けれど沖縄島をしのぶれば
働く我が手力ますなり

と当時の気持ちが率直に書かれています。ほとんどの学徒が淑子さんのように「お国のために」という純粋な気持ちで働いていたと思われます。

しかし、工廠にはじめて爆弾が投下され三十余名の犠牲を出した

五月十九日

「今日始めて爆弾が落ちる音を経験した。……こんな音を掩蓋《えんがい》（屋根）のない防空壕でブルブルふるえながら聞いた。二度目の音は、掩蓋のある防空壕で聞いた。私たちだけ掩蓋が無いのだ。ほんとにしっかりした安全な防空壕が欲しい。……せっかく働いて、爆弾のために死ぬのはいやだ。勝利の日も見なくて……今日は逃げることばかり考えさせられた。」

と書いています。軍国少女のけなげで気丈な淑子さんが、「今日は

大林淑子さん

逃げることばかり考えた」と普通の少女のゆれる素直な心も書いています。

二八隻撃沈という事実も間違っていますし、淑子さんは「私たちが作った弾丸が、もうきっと出撃してやっつけたと思うと…」と書いていますが、その時分はもうとっくに敵攻撃用の弾丸ではなく、本土防衛用の生産で皮肉なことに使われることはなかったのです。※

大林淑子さんは豊橋市花中《はななか》町で製糸工場を営む父・保、母・いしの四女です。二人の弟もいました。『淑子の日記』の四月二十五日の記述に

「久しぶりのお休み。…姉と二人で前芝の方まで野菜をいただきに行った。前芝は母の生まれた所だ。リヤカーを引いて歩いて行った。…姉と二人で気持ちがいいなあと、言いながらのんびり歩いた。澄んだ空気ほんとに気持ちがよかった。渡津橋《わたつばし》を渡る時は、あまり景色がよいので、みとれてしまった。姉に何か和歌でも作らない？と言われて、一生懸命考えてみた。

弾丸使用制限

潮書房の雑誌『丸別冊』「太平洋戦争証言シリーズ15－終戦への道程－本土決戦記」に陸軍の当時高射砲第二四聯隊《れんたい》本部付き・陸軍准尉《じゅんい》、加藤金逸氏の論文「名古屋防空隊かく戦えり」に次の証言がある。

「弾薬規制は二月はじめごろから始まり、五月になって第二次規制が指示され、使用弾薬数が限定された。六月には第三次の規制が厳命された。第三次の趣旨は最後の決戦に備えて極力備蓄をはかれというものであった」。結局六月のアメリカ軍の名古屋空襲などは、無防備の状態で行われた。従って、豊橋空襲など中都市は当然名古屋と同様であった。

久しぶりに自然の中にとけこみ、私の心は豊かになった。明日からはまた頑張ろう。

遠がすみけぶる山々空にとけ
石巻のみが浮き出でて見ゆ

春光の干潟を洗ふ水際に
貝取る人の衣うつりて　」

淑子さんは、このようなすばらしい短歌や俳句をたくさん残しています。「春光の干潟を洗う水際に…」はまさに前芝を象徴する風景です。

わたしは「前芝は母の生まれた所だ」の記述を読んで、大発見したような気持ちになりました。淑子さんが豊橋市花中町にあった大林製糸の娘さんであったことを頼りに尋ね、淑子さんのお姉さんの岡崎ゆき子さん(豊橋市東田町)にお会いすることができました。

岡崎さんから、なんとお母さんが日色野町の塩野谷松一郎《しおのやまついちろう》氏(子孫

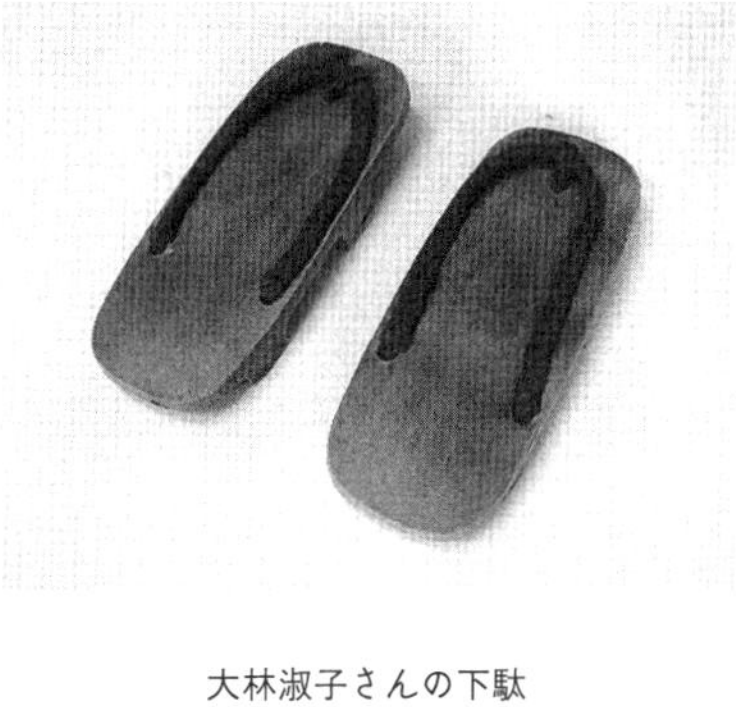

大林淑子さんの下駄

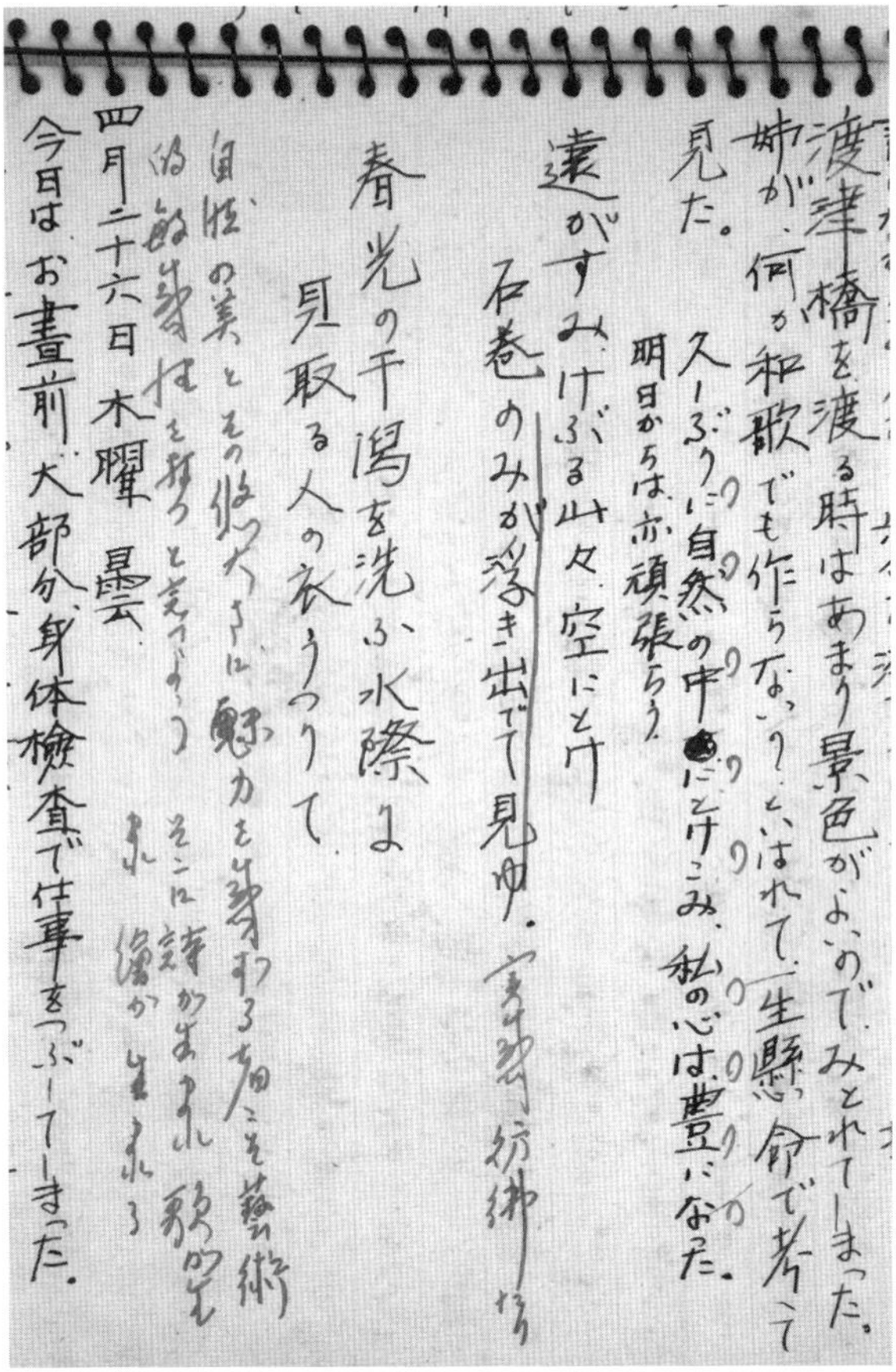

渡津橋を渡る時はあまり景色がよいのでみとれてしまった。
姉が、何か和歌でも作らないのといはれて一生懸命で考へて
見た。
久しぶりに自然の中にとけこみ、私の心は豊かになった。
明日からは亦頑張らう
遠がすみけぶる山々空にとけ
石巻のみが浮き出でて見ゆ。
春光の干潟を洗ふ水際よ
見取る人の衣うつりて
自然の美とその偉大さに魅力を感ずる者こそ芸術
の教養を持つと云ふべきか
四月二十六日 木曜 曇
今日はお昼前大部分身体検査で仕事をつぶしてしまった。

「淑子の日記」4月25日 前芝を詠んだ和歌

大林淑子さんの日記帳に挟まっていた四つ葉のクローバー　現在は紛失してしまっている

は名古屋）の妹であること。いしさんは愛知女子師範学校を卒業して、前芝尋常小学校で教師をしていたこともお聞きしました。大林製紙では幼い工女に学問を教えることのできる嫁を探していて、母いしさんに白羽の矢が立ったようです。『前芝村誌』で調べてみたら、大正八年から五年三ヶ月勤務されていました。

　ごく最近、岡崎さんをお母さんの故郷、日色野にご案内して塩野谷家の家跡などをご案内する機会を得ました。そして、その頃の淑子さんの生活の様子をお聞きすることができました。「わたしの主人は軍人で、豊橋予備士官学校教官（少佐）をしていました。出張で留守をする時など、結婚ほやほやであったこともあり、母の配慮もあって、淑子は泊まって工廠に出かけていました。しかし、あまり工廠のことを話すことはありませんでした。疲れきっていた様子でした。淑子は、わたしの持っている文学書を読みふけっていました。とくに伊藤左千夫《いとうさちお》や、島木赤彦《しまぎあかひこ》の歌集は愛読書でした」とのことでした。工廠での労働の大変さなどを語ることもなかったようです。叔父さんは、わたしも編集執筆に当たった『校区のあゆみ　前芝』の

校区のあゆみ 前芝

「4・文化の華―人物列伝」に載っている、ケインズ経済学の草分けである経済学博士の名古屋大学教授、塩野谷九十九《つくも》氏です。息子さんは超一流の一橋大学の学長も勤め、塩野谷家は医師や学者など輩出している名門です。

『淑子の日記』の原本は、豊川市「桜ヶ丘ミュージアム」に所蔵されていますが、出版された本は、豊橋市中央図書館、豊川市図書館でも借りることができるので、是非読んで欲しいと思います。

前芝国民学校高等科生徒などの動員

昭和十九年（一九四四）十月一日、高等科二年女子全員が前芝の「山三《やまさん》工場」へ動員されました。「山三」の社長、北河昭男《あきお》さん（昭和六年生まれ・成章中学校から豊川海軍工廠へ）の話によると「山三は製糸工場であったが、戦争の激化とともに生糸は生産しても輸出できず、前芝の製糸工場も廃業を余儀なくされて、軍需工場に変わっていた。兵隊が食べる携帯型の食品である干し青海苔、大根の切干などを作っていたが、同年十二月の東南海地震※で煙突が倒れて煮炊きができなくなった。

幸い工場は無事だったため、その後、名古屋の飛行機部品を作っていた『平野製作所』が空襲にあい疎開して来て、爆撃機『呑龍《どんりゅう》』の脚部を作った」とのことです。

ということは、高等科二年の女子が山三で働いたのは二ヵ月あまりということになります。

東南海地震

昭和十九年十二月七日十三時十三分、熊野灘沖を震源地として発生。マグニチュード八・三で東海地方に大きな被害を与えた。死者八七一名、負傷者一、八五九名。前芝村では家屋全壊六戸、半壊四〇戸。村民に恐怖をあたえた。

わたしは昼ごはんを食べていた。すごい揺れにご飯茶碗を持ったまま飛び出た。その茶碗は白地の中に一匹のピンクのヒヨコが書かれていたのを覚えている。わたしたちはビワの木の根元に這いつくばっていた。祖母は「ナムアミダブ、ナムアミダブ」とひたすら唱えていた。伝統工法の頑丈な家も、少しひずみができてしまった。

当時、被害状況は発表されなかった。

ついで、二十年二月五日には、高等科二年男子二六名、女子二四名が「住友金属工業KK豊橋製作所」へ動員されました。「住友」の工場は、現在の豊川市小坂井《こざかい》の工場「日本トレクス」「カゴメ」「雪印メグミルク」の敷地あたりの面積五〇万坪という広大な土地にありました。陸軍航空本部の工場で十九年六月着工し、翌年六月竣工しました。※したがって、戦時中にたいして役立ったとはいえません。従業員四、五〇〇名でこの中には、学徒や徴用工《ちょうようこう》※も含まれています。徴用工の中には朝鮮人※（韓国・北朝鮮）の工員三百名もいました。

雪印メグミルクや日本トレクスの南側の千メートルにわたる幅広い道路は、その当時整備されたものです。

生産品はジュラルミンを原料とした鋳造品《ちゅうぞうひん》、板、管、棒など（いずれも航空機材料）を作っていました。二十年になるとすべての物資が少なくなり廃棄飛行機の払い下げを受け、その解体もしていました。

秦静男《はたしずお》さんの話では、「まだ工場が建設中で、生徒たちは徴用工や豊橋中学の学徒が作った飛行機の骨組みを大八車《だいはちぐるま》※で次の作業所へ運ぶ作業をした。また仕事がない時は、工員の仕事を手伝ったり

住友金属工業建設
日色野町からも牛車を引いて行き、運搬業務に当たった方や日雇いで建設に当たった方がいる。

日本トレクス前の道路

徴用工
政府により、国民や占領地住民を強制的に動員し、兵役を含まない一般業務につかせること。

ブラブラしたりしていることもあった。生徒たちは歩いて通勤し、昼食は給食が出た。しかし量も少なく粗末なもので、とにかく腹が減った」とのことです。住友工場も「海軍工廠」と同様の給食でした。

　そして同年三月一日、ついに一年生男子三四名の生徒が「海軍工廠」へ動員※されたのです。配属先は、火工部第一信管・第二信管工場でした。(後に全員第一信管になった)

　ここは、正門から少し北の工廠の中心的な所に位置していました。はじめは、旋盤《せんばん》※などを使って作業しましたが、幼いゆえ十分作業が出来ませんでした。その結果、大八車で切り子(金属を削ったくず)を運び、工場内まで来るトラックに積み込むのがおもな仕事でした。

　学徒ではありませんが、「海軍工廠」には付設の「工員養成所」がありました。昭和十五年、第一回見習工員の募集をしました。彼らはその年の三月国民学校高等科を卒業したばかりの少年たちでした。全国各地から希望者が殺到し、各学校の成績上位者が入所して来ました。応募者が多かったのは「給料が出て勉強もできる。しかも全

朝鮮人
小坂井には戦後もたくさんの朝鮮人が住んでいた。食料が乏しいので、出荷できず畑にそのままにしてある細いサツマイモを日色野にも拾いにきていた。わたしの家の畑でも断って拾っていた。

大八車

寮制で、衣服、教科書、食事も与えられる」からで、経済的にあまり恵まれず中学校へ進学できない生徒だったようです。そこは海軍工廠エリート工員を養成することが目的でした。当時無料で中等教育が受けられるのは、海軍工廠と師範学校だけでした。

一期四五名、二期一二〇名、三期は五六〇名とそれほど多くはありませんが、昭和十八年には一、二〇〇名になります。十九年になると徴用工の若い工員などは、徴兵されていくので一、六八〇名(二八学級)という大量の採用になり、見習科生としての一年六ヶ月の研修期間が六ヶ月に短縮されてしまいました。二十年第六期生一、三〇〇名が入廠し、合計七、四〇六名でした。養成工員の教育は大変厳しく、上下関係も軍隊と全く同じでした。先輩からのしごきもたびたびであったようですが、統率はビシッと取れていたようです。

前芝からも「工員養成所」に入った方がいました。犠牲となった石河泉さん(五期)、山内治彦さん(六期)、現在も健在な松下和男《かずお》さん(前芝町・昭和二年一月生まれ・二期)、加藤右一《ういち》さん(西浜町・昭

大八車
江戸時代から昭和初期に使われていた、総木製の人力荷物運搬用二輪車。一台で八人分の仕事の代りをすることから「代八車」。大きな二輪から「大八車」になったといわれる。

高等科一年の動員生徒数
動員生徒数は近藤恒次著『学徒動員と豊川海軍工廠』、佐藤明夫著『哀惜一〇〇〇人の青春』には三六名とある。
しかし、『前芝小学校同窓会名簿—昭和48年』と二十年三月の卒業写真から同級生に確認したところ、三六名ではなく三四名であると確定できる。なお『前芝村誌』八七会の『豊川海軍工廠の記録』には動員数は載っていない。

和三年生まれ・四期)、北河一巳《かずみ》さん、安井福美さん(前芝町、昭和四年生まれ・五期)などがおられます。

また、昭和十七年に「海軍工廠共済病院看護婦養成所」が開所し、第一期看護婦生徒を募集しました。工廠の医務部と共済病院には約六百名が従事していて、千のベッドがある大病院で正看護婦が八〇名、そして卒業生の看護婦がいました。

前芝在住の井上道子《みちこ》さん(前芝町・昭和三年生まれ)は、千両《ちぎり》町の国民学校を卒業すると従軍看護婦を夢見て第二期生として入所し、病院で働いていて被爆しました。爆撃後、現在豊川工業高校のある工員宿舎が第一次治療所になり、けが人の手当にあたったそうです。

爆撃後二週間のあわただしい後片付けも終わり、八月二十二日動員解除となりました。低学年学徒は爆撃以降工廠へ行くことはありませんでした。

卒業證書
機銃部青年科第一本科工員
松下和男
昭和二年一月十七日生
右者本所ニ於テ青年學校令ニ依ル本科課程ヲ卒業シタルコトヲ證ス
昭和二十年三月二十八日
豊川海軍工廠工員養成所長海軍大佐 従五位勲三等功三級 續木禎式

松下和男さんの工員養成所の卒業証書

通勤方法と引率担任

前芝から生徒たちは誘い合って、三々五々飯田線小坂井駅まで歩きました。電車といってもほとんど貨車で座席もないものでした。ぎゅうぎゅうづめの状態で豊橋中学など各学校の生徒たちと通いました。豊川駅から引き込み線（現在も日本車両ＫＫが使用）があり、東北門の近くにある北東門駅で下車し正門まで歩きました。

そこで二列縦隊に整列をして、先頭に合わせて門衛《もんえい》に敬礼して工場へ向かいました。先頭で敬礼するのがいやで「お前やれ、お前やれ」と言い合ったこともあるとのことです。工場へは八時頃入場し、五時頃終了しました。当時の履物はわらぞうりで、服には誰であるかわかるように胸に認識票（名札）を着け、肩にバイト（工具や防空頭巾などを入れた袋）をかけて通勤したそうです。

担任の先生は通常海軍工廠に出勤し、生徒たちを巡回指導するのが任務でした。したがって、動員学徒付添いの先生も九名犠牲になっており、そのうち国民学校の先生は二名でした。

旋盤
工作機械の一つ。工作物を主軸とともに回転させ、往復台上にある刃物を左右前後に動かして切削《せっさく》し、表面切断・ねじ切り・孔《あな》あけなどを行う。

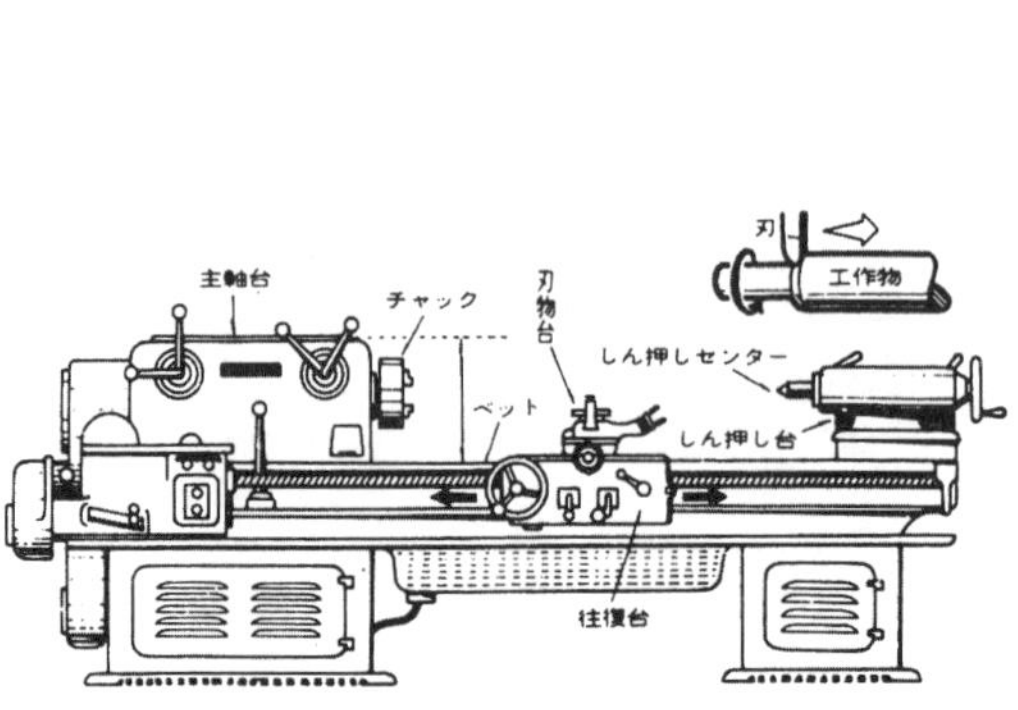

旋盤

前芝国民学校高等科二年の担任は市川先生でした。市川先生は、爆撃の日の午後、安否を気遣って生徒の家を一軒一軒尋ねてまわったそうです。一一名が家に帰らなかったのですから、恐らく市川先生は、翌日から工廠へ探しに出かけたと思われます。しかし爆撃の日、なぜか市川先生は工廠に出勤しなかったと記憶している体験者もあり、どうしてなのか割り切れぬものがあると語られています。

どこの学校の担任の先生方も、教え子たち行方不明者の安否確認や捜索に、それは心を砕いて動き回られたと思われます。

元松操高等女学校教頭の中村要先生は学校勤務でしたが、工廠爆撃を知ると自転車で飛び出し捜索に向かいました。先生の手記によると、「工廠の正門から駆け込んで行った。あの工廠神社辺りは死体がずらりと並んで眼も当てられぬ惨状であった。夢中で生徒の作業場である機銃部へ飛び込んだ。すでに工場は大方焼け落ち炎炎たる火勢に近寄るすべもない。恨みをのんで引き返し、女子寮へ駆けつけてみたがほとんど様子がわからない。三年生の寄

豊川海軍工廠北東門駅。電車を降り、又帰りに来る、「駅」か、施設か？

北東門駅　竹生節男

松操高等女学校
豊橋市山田町にあった私立女学校。
寄宿舎を備えていたので、豊根村や三ヶ日町など、遠方

宿生と工場から帰ったものだけが無事であることがわかっただけだ。…寄宿舎は広瀬たず子先生に頼んで生徒の捜索に飛び出した。第二工員養成所で負傷者一人、花井寺で病院からの移動者その他は全く不明。大部分が避難したといわれる千両《ちぎり》山の方面にまでわたって二回探し回ったが駄目である。日はすでに暮れかかっている。（中略）あの日、本当に多くの生徒を死なせてしまった。黒柳艶子さんと北脇秀子さんは工廠神社の脇の防空壕で、杉田弘子さん、水藤ようさん、谷野良子さん、鈴木美枝子さん（前芝村梅藪）は検査係から調室工場へ派遣されていたが、みな一緒に防空壕の中でそれぞれ手を取り合って爆死した。（省略）」と記されています。付き添いだった先生たちは、それはそれは大変だったようです。

『前芝村誌』によると、市川先生は二十年（一九四五）十一月には転勤になっています。普通は四月移動なのですが、中途転勤ということは戦時中の指導が原因であったと考えるのは穿《うが》ちすぎでしょうか。

の少女たちが在籍した。前芝村からは、春田正子さん・直子さん姉妹、犠牲となった鈴木美枝子さんが学んでいた。

戦後の社会変化により、昭和二十六年、惜しまれながら廃校となった。

女子工員の出勤風景

徴用という強制労働

戦局が進むにつれ軍需工場は大拡張されましたが、若い男性は軍隊に志願をしたり、召集で出征したりするものが多くなって働き手としての男子は残っていませんでした。

自発的な意思にだけ頼っていては不足する工員を確保することが出来なくなり、国は最後に「国民徴用令※」に基づき強制的に労働力を確保することにしました。

昭和十九年(一九四四)二月には、国民学校を卒業した十五歳以上二十五歳未満の未婚女性は、勤労挺身隊として赤紙ならぬ「白紙令状」一枚で、海軍工廠や各地の工場に動員されました。犠牲になった安井志まさんは、自らの意思か白紙によって工廠へ出たと思われます。

つづいて三月には、卒業をひかえた市立豊橋高等女学校はじめとして、上級学校進学者および身体虚弱者を除いた女学生は、全員が女子勤労挺身隊を結成し軍需工場などに就労しました。工廠では

国民徴用令
昭和十四年(一九三九)公布された。戦時体制における労働力の不足を補うために強制的に国民を徴集し、生産に従事させることを目的にした法律。結果永年の家業を止めざるをえない人々が多かった。

各学校単位に編成されました。

自らも徴兵され豊橋陸軍病院で衛生兵として任務につき、終戦は金沢陸軍病院で迎えた若子正《わかこただし》さん(前芝町・大正十一年生まれ)は「当時は基本的に二十歳から四十歳までの健康な男たちは戦場に、また、男も女も働くことを義務付けられており、家での針仕事や、家事などでは通らなかった。

当然就職場所もたやすくあるわけではなく、特に農地を持たない前芝の漁民たちは、いやでも海軍工廠へ働きに行くことはやむ得ないことであった。妹は幸い郵便局へ職を得て難を逃れた。また、戦後結婚した前芝生まれの女房は、徴用工として『海軍工廠』で働いた。うかうかしていると、白紙が来て強制的にどこへ徴用されるかわからなかった。そこで工廠が近いこともあって、自ら希望して働きに行く者が多かった。召集を受けていない五十代までの男たちは、陸軍の大清水の飛行場※へ刈り出されて働いた。当時はそういう時代だった」と語ってくれました。

大清水飛行場

豊橋陸軍飛行場は、昭和十三年(一九三八)渥美線、大清水駅付近の軍用地に千葉の下志津陸軍飛行学校の分教場として設置された。飛行学校は陸軍の偵察飛行に必要な学術を習得させ、これを各隊に普及することを目的にした。

昭和十八年二月、陸軍飛行場設定練習部(中部第一〇〇部隊)が設置された。

翌年二月、第二次世界大戦の激化とともに、従来の練習部を陸軍航空基地設定練習部と改称し、飛行場建設の訓練をした。

また練習飛行場を拡充した。この作業に豊橋市民だけでなく北設楽郡や南設楽郡の住民、近くの小学生も動員された。

ここで訓練された技術兵

また若子さんの奥さんの姉である岩口芳子《いわぐちよしこ》さん（前芝町、昭和三年生まれ）は、「役場から言われて工廠へ行った」そうですし、学徒動員で重傷を負った塩野和彦《かずひこ》さんの姉は、役場から白紙がきて海軍工廠へ行ったとのことです。

　強制徴用といえば、太田幸市《こういち》氏の『軍都豊橋終焉《しゅうえん》の1945年（昭和20年）』の中に、東愛知新聞の「シグナル」に連載された児童文学者、金田喜平衛《かねだきへえ》氏の実話「おとましいきくちゃ」が載っていますので紹介します。

「役場に務めていた頃、高等科を出たばかりのきくさんに、海軍工廠への徴用令が来た。俺はきくちゃを連れて行くことにした。

　三河田口駅から、電車へ乗ろうとした時、きくちゃはなんにも言わずに改札駅の手すりに固くつかまって手を離さん。電車は発車する時間だ。困った俺は、なんだかんだと言いくるめて、やっとこさ電車に乗せたものだった。その時のきくちゃの姿が今でも目に焼きついて離れん。

　きくちゃが休みに帰ってくると、きっと新聞紙を欲しいというの

は、各方面の飛行場建設に派遣されたが、中には太平洋の島々に出動して全滅した部隊もあった。

で、家でとっていた新聞紙と大豆を炒って持たしてやった。新聞紙はトイレで使うということだった。若くして死んだきくちゃは本当におとましい(かわいそう)…」

このように山深き村里からも、少女が強制徴用されて犠牲になったのです。

まさに総動員体制でした。

豊川海軍工廠爆撃

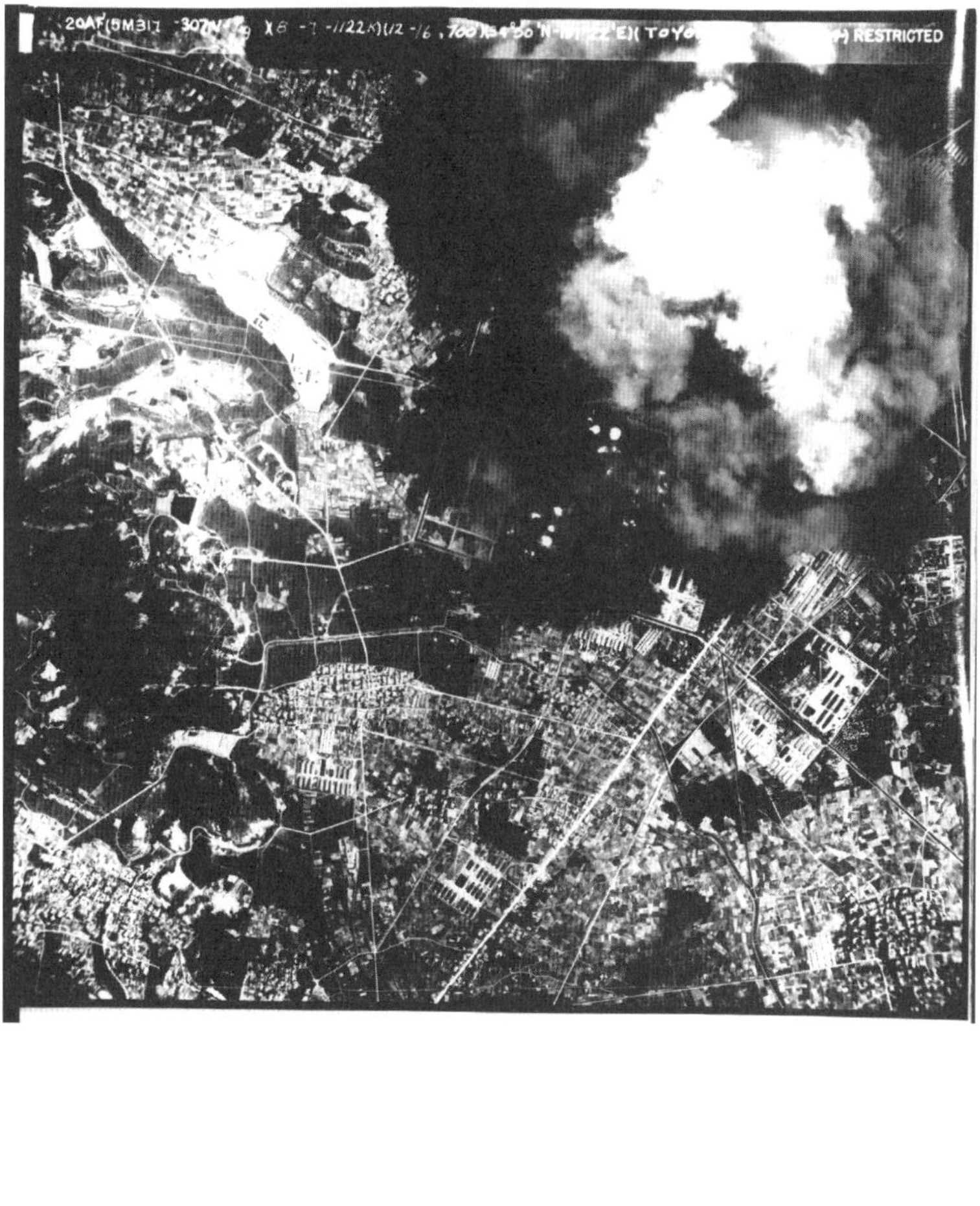

豊川海軍工廠空爆の様子（国立国会図書館蔵、原資料・米国国立公文書館）

米軍は降伏勧告のビラを撒いた

昭和十九年（一九四四）十一月二十三日、豊橋にはじめての空襲警報が発令されました。

以後人々はどんどん敗戦に向かっていく状況を生活の中で感じるようになります。二十年になると、いよいよ豊橋にも敵機が現れ、豊橋や豊川に爆弾が落とされるようになります。太田幸市氏の『軍都豊橋終焉の1945年』によると、警戒警報はほとんど連日のごとく発令されました。

警戒警報は一月は三六回（空襲警報　六回）、二月三〇回（空襲警報　八回）。その後も同じような状況で、六月は豊橋空襲の十九日までに一九回（空襲警報　四回）でした。豊橋空襲以後の豊橋の記録はありません。豊川の記録によると、七月は二七回も警報が出て、ひっきりなしでした。

豊川八南《はちなん》国民学校の学校日誌に次のように記録されています。

七月九日　空襲警報発令（午前十二時～午後一時半）

降伏勧告ビラ

全国の中心都市のほとんどの空襲では、忠告放送をし、あるいはビラを撒くという、国民の真理をかく乱する戦法が併用された。浜松の爆撃の前にも空襲予告のビラが撒かれた。

海軍工廠上空から撒かれた降伏勧告ビラ（「学徒動員と豊川海軍工廠」より）　表

七月二十四日　空襲警報発令（早朝～午後五時）
七月二十八日　空襲警報発令（早朝～正午　午後一時）
七月三十一日　空襲警報発令（終日）
八月二日　　　空襲警報発令（午前十一時～終日）

七月二十四日の空襲では空襲警報の時にB29少数機が上空から多数の降伏勧告ビラを撒布《さんぷ》※しました。勧告文はトルーマン大統領の写真入のものでした。写真四枚のうち三枚は食事中を写したもので、食糧事情の極めて悪いわが国の最大の弱点を突いたものでした。そこに書かれた文章は次のような内容のものでした。

「米国はヨーロッパにおいてドイツのために生活物資を奪われた何十万という人々に食料や衣服を供給した。

サイパンやその他の太平洋の島々において、たくさんの日本人が米国の軍隊に保護されて食料や衣服類の支給を受けている。そして働くこともできる。家族は離散せず一緒に住んでいる。医療の必要があれば十分に手当てを受けられる。我々はこんな事を言うの

六月十八日夕方、「本日十八日夜半、我が軍は、四日市・浜松を空襲します。非戦闘員の人たちは、一刻も早く街から

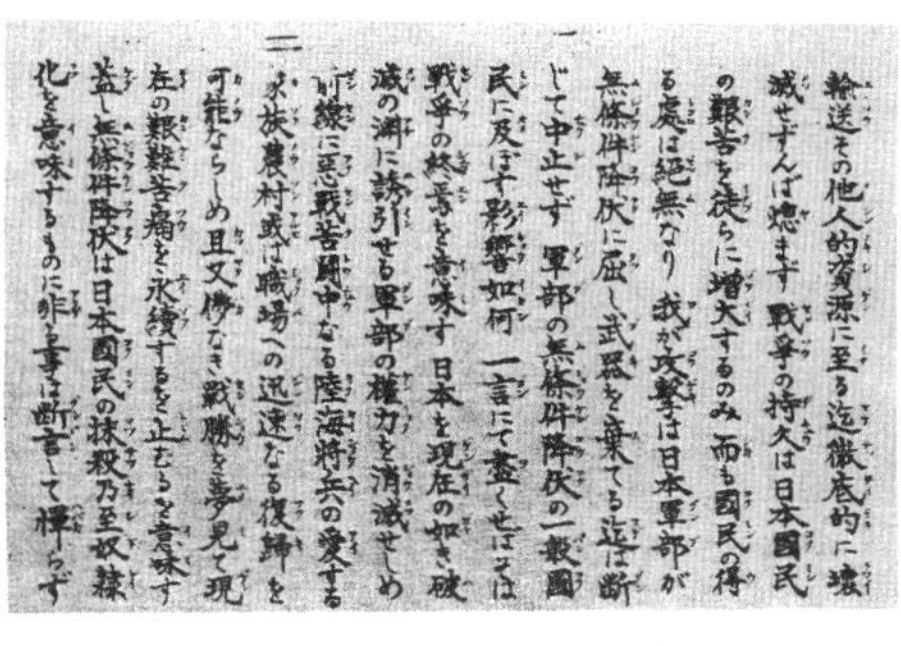
輸送その他人的資源に至る迄徹底的に壊
滅せずんば熄まず　戦争の持久は日本國民
の艱苦を徒らに増大するのみ　而も國民の得
る處は絶無なり　我が攻撃は日本軍部が
無條件降伏に屈し武器を棄てる迄は断
一
じて中止せず　軍部の無條件降伏の一般國
民に及ぼす影響如何　一言にて盡くせばそは
戦争の終焉を意味す　日本を現在の如き破
滅の淵に誘引せる軍部の權力を消滅せしめ
前線に悪戦苦闘中なる陸海將兵の愛する
二
家族農村或は職場への迅速なる復歸を
可能ならしめ且又傍なき戦勝を夢見て現
在の艱難苦痛を永續するを止むるを意味す
蓋し無條件降伏は日本國民の抹殺乃至奴隷
化を意味するものに非る事は断言して憚らず

降伏勧告ビラ　裏

二キロ以上離れた安全な地点に疎開してください。」

しかし、厳重な電波管制が行われていたので、この放送

は、あなた方の指導者たちがはいてきた嘘の皮を剥《は》がしてやるためである。彼らは自らの頭上に下されんとする懲罰《ちょうばつ》をまぬがれんとして、米軍は日本人を虐待するとあなた達に信じさせ、勝つ見込みのない戦争を継続させたいのである。

我々の宗教は親切と慈悲とを要求している。従ってあなた達を虐待しようなどとは露《つゆ》ほども考えることができないのである。戦闘を停止した敵国人を虐待する者は誰でも規則に従い厳罰にふされる」。

このビラは廠外に退避中の、低学年学徒のいるところにも落ちてきたようですが、軍の命令ですべて回収されました。このようなビラを手にした者も、特に心を動かされることはなかったようです。

を傍受《ぼうじゅ》したのは、軍関係の一部に過ぎなかったかもしれない。

豊川工廠のすぐ西、八幡村大字野口に住んでいたわたしの先輩教員黒川しず代さんは、「わたしは国民学校二年生であった。『飛行機からパラパラと白い紙が降ってきて芋畑に散った。家から出てきた近所の人々は何事かと紙を拾い読みあっていた。『すごいな、どうしてこんなに日本のことが分かるんだろう』としばらく立ち話が続いた。そして、おじさんが勧告ビラを集めて行った」と語った。

加藤新田
六四頁、横掘川地図参照

前芝のようす

その当時の前芝はどのようだったのでしょうか。

石河一郎さん（前芝町・六年生）は「日曜日など友だちと加藤新田※で遊んでいると、艦載機※のグラマン※がやってきた。草むらに飛び込んで難を逃れたが、パッパッパッと撃たれ恐ろしかった」。また、同級生の竹田要司《ようじ》さん（日色野町）は「友達と前の川で泳いだりシジミを取っていたら艦載機がやってきて撃ってきたので、ヨシの中に隠れた」。平松さん（梅薮町）は「グラマンが自分のほうに向かって撃ってきたと思えた。撃った後を見ると五メートル間隔くらいに穴が開いていた」とのことです。パイロットの顔が見えるくらい低空飛行だったそうですが、「死んだ人も怪我をした人もなく、多分パイロットは遊び半分だったのではないか」とのことでしたが実際はどうだったのでしょう。このような体験は、当時全員の方が一度ならずされたようです。

牧野至宏《よしひろ》さん（梅薮町・昭和十三年生まれ）の話によると「わしは

グラマン
艦上戦闘機グラマンF6Fヘルキャット
乗員・一名

グラマンF6F

艦載機
軍艦、特に航空母艦に搭載する航空機。
日本海軍…三菱A6M零式艦上戦闘機（ゼロ戦）

国民学校一年生だった。空襲警報が発令されると家にとんで帰った。六年生が一年生の鞄を持ってくれた。おそがいもんで遅れまいと後からそりゃあ必死で走った。その当時のことは忘れん。
いつ頃だったか忘れたが、梅薮地区は遠いので低学年は観音寺へ先生がきてくれて勉強を教えてくれた」とのことです。学校でもそのような措置をとったのです。

豊橋空襲は六月十九日の午後十一時三十五分頃から焼夷弾爆撃が始まりました。約二時間、B29※一四四機が豊橋市全市街地を空襲し、死者六二四人、重軽傷者三四四人、全焼家屋一六、八八六戸（全戸数の七〇%）の大被害でした。

前芝にも豊川下流の加藤新田西やもう少し海よりに焼夷弾がたくさん投下されました。

横里さんは「家の前で見ていたが、まるで花火のようだった。焼夷弾がわしの方へ落ちてくるような気がして頭を手で抱えるようにした」とのことです。距離はかなりあったはずですが、恐怖心で

アメリカ軍…グラマンF6F ヘルキャットなど

豊橋の空襲

七月二十四日から三十日まで、日本近海に敵起動部隊（空母五隻）が姿を現した。艦載機（グラマンF6Fヘルキャット）が豊橋・豊川など東三河にもたびたび飛来して、機銃掃射を行った。その間、県下に二十数回。

また、硫黄島からノースアメリカンP51ムスタングが、B29の護衛以外で百機以上十三回飛来して攻撃した。

八月十四日ムスタングは、愛知・三重の各地を攻撃。渥美線豊島駅付近を走行中の電車に機銃掃射を行い三一名死傷した（一五名死亡）。

従って、石河さんたち同級

そのような行動をとったのだと思われます。石河一郎さんの奥さんのいく子さんは「空襲の数日後、海へ貝を採りに行ったところ、新場（豊川の流路の南あたりの海苔漁場）に三十発はゆうに超える焼夷弾が落ちていた」とのことで、かなりの数が落とされたようです。

目視で爆撃したパイロットが海苔ソダ※を集落と間違えて投下したのではないかといううわさもあったようです。

すでに三月の東京大空襲、五月の名古屋、前日には浜松が空襲で焼け野原になっていましたし、火災に備えて防空演習も行われていたので村民は十分に心構えはできていたようです。前芝の人々の多くは、リヤカーや大八車に大切な物を積んでいつでも逃げられるように準備していて、平松さんの家では「大八車に米俵や大切なものを積んで用意していた」そうです。実際「多くの人が伊奈の方や学校めがけて逃げ、学校西の水弘法様あたりでふんづまってしまっていた」とのことです。とにかく集落から北へ避難したようです。

わたしが聞いた限りではかなりの村民が逃げ出したと推察されます。

生が証言した前芝の人たちの体験は、七月二十四日以降であり、ムスタングも掃射したと思われる。

B29

B29
ボーイングB29スーパーフォレスト
乗員・一五名
全長・三〇メートル

B29爆撃機一二四機、P51戦闘機四五機が「海軍工廠」を襲った

終戦の日の一週間前という八月七日は運命の爆撃の日でした。海軍工廠の防空体制は、大恩寺山に一二・七センチ高角砲（二連装二基四門。陸軍は高射砲、海軍は高角砲といった）他に工廠周辺に機銃砲台一三ミリ～二五ミリ機銃）が一二基配備されていました。ところが、工廠周辺に設置されていた機銃の有効射程距離は三千～四千メートルで、五千メートル以上の高さで飛来するB29にはほとんど役にたちませんでした。

空襲警報は九時三十七分頃発令されました。米軍資料『作戦任務報告書』からかいつまんで記述すれば、「B29爆撃機一二五機は、硫黄島から発進した戦闘機ムスタング※四五機に護衛されて進入。大恩寺山高角砲の砲撃が三一三航空団の一機に当たり黒煙をはいて豊橋方面へ離脱※（硫黄島付近で墜落、一一人の搭乗員全員救出）、一二五機のうち二〇機が損害を受けた。わたしも防空壕から出て煙を吐い

翼長・四三メートル
重量・五四トン
最大時速・五八〇キロメートル

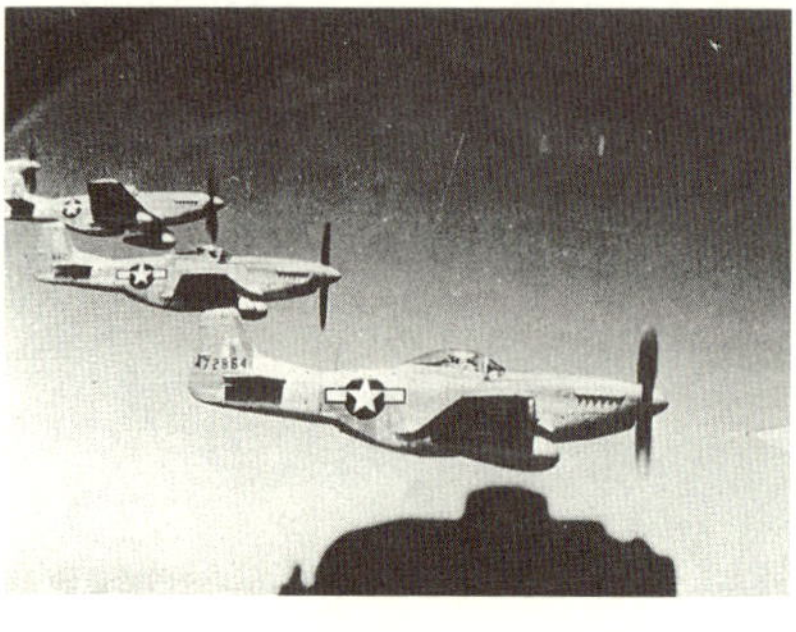
硫黄島から飛来するP51ムスタング

海苔ソダ
養殖する海苔を着生《ちゃくせい》させるため、浅い海中に立てる木や竹の枝。

て離脱するB29を見ました。

しかし、大きな損害ではなく一二四機が爆撃した。工廠の機銃は弾丸が届かず全く役にたたなかった。迎撃戦闘機は一機も無く、無防備の中で爆弾を投下した」のです。

最初に爆撃投下したのは第三一四航空団三三機で十時十三分から十時二十四分でした。(目標中心点、光学部)高度四、九〇〇〜五、五七〇メートルから二五〇キロ爆弾を投下しました。続いて十時二十三分から三十二分まで第五八航空団三〇機(目標中心点、器材部)、十時二十六分から三十二分まで第七三航空団二九機(目標中心点、光学部)、最後に二十六分から三十二分まで第三一三航空団三三機(目標中心点、器材部)それぞれ三編隊でほとんど切れ目無く三、二五六発の爆弾を投下しました。そして、まっすぐ浜松方面まで飛行し洋上へ離脱しました。アメリカは「爆撃精度は極めて高く、全投下弾の約四〇%が攻撃中心点の約三キロ以内に命中した」としています。

大恩寺山にあった高角砲

B29が爆弾を投下するために機体を開いたのは、御津町上空からで爆弾は飛行機と平行しながら落下しました。それは驚くほど正確な爆撃でした。

米軍は、昭和十九年(一九四四)十一月二十三日、工廠上空から写真撮影していました。それに防空状況も把握した上で、爆撃を行う際の効果まで分析し用意周到でした。P51ムスタング四五機の、豊川工廠上空滞空時間は、十時から四十五分間でB29爆撃機より十九分長い攻撃でした。

地上の被害は極めてひどく、おもな工場は全壊し、二、六七〇名以上の犠牲者※と約一万余名の負傷者が出ました。工廠はまさに地獄と化しました。

犠牲者のうち学徒は四五二人とされ、豊川市内の地域住民の犠牲者は一四一人と推定されています。その中には八南国民学校(野口《のぐち》町・市田《いちだ》町・八幡《やはた》町)の児童二〇名が含まれています。彼らは学校から退避命令で帰宅途中に空襲に遭遇して犠牲になりました。八南国民学校は工廠敷地に非常に近かったためでした。

工廠在籍者、犠牲者数
爆撃当日何人勤務していたか。それは工場疎開やそれぞれ工場により二直、三交代制の変則勤務のため、はっきり分からない。
推定であるが、疎開工場に約二万三千名、爆撃当日の実数は一万五千人くらいではないか。その内約二千五百人余。死亡確率一七%となる。『豊川海軍工廠の記録』(八七会)による。

豊川海軍工廠の旗

工場を目標とした爆撃で死者が二千人を超えるのは、日本中で豊川空襲と熱田空襲（愛知時計電機船方工場・愛知航空機工場二、五〇八名死亡）の二例のみでした。

粟生《あおう》博編集『嗚呼　豊川海軍工廠※』によると、指揮兵器部設計班大橋《おおはし》昇氏（養成工員四期生）は、空襲警報で機銃隊として配置についていました。

「西南方に四発の大爆撃機一〇機編隊。その後も続々続く。またたく間に工廠長官舎の向こう側方向第一養成所の随所《ずいしょ》に耳をつんざく大轟音《ごうおん》。もうもうたる黒煙。たちまち工廠全面に幾百、幾千ともしれぬ爆弾の大炸裂《さくれつ》。工廠上空、すでに空はなし。狂うがごとく渦巻く火焔《かえん》と黒煙のみ、廠外へのがれるモンペ姿が通用門にあふれる。（中略）松の枝々にぶら下がる黒髪、腕、したたる血。おかっぱ頭の勤労女学生の腹が真っ二つに割れて黄色い内臓がはみ出た無残な姿が、あそこにもここにも何十と…何たる無情。何たる残酷。彼の頭も狂っている。おののきもなく、能面のような無感動さで、内

「嗚呼　豊川海軍工廠」―被爆40周年―
最も早く世に出た体験集であり、豊川海軍工廠の悲劇を伝える貴重な資料。
粟生氏は徴用工として二〇ミリ機銃の仕上げ工場に勤務。九死に一生を得た。戦後は豊川に住み、海軍工廠の悲劇を世に伝えなくてはならないと、記録を残すことを思い立った。

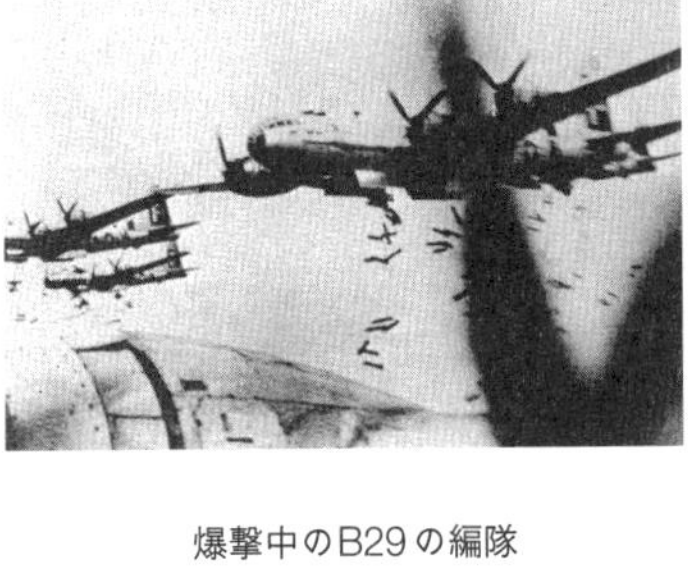
爆撃中のB29の編隊

臓を両手で押し込みモンペを引きちぎってしばりあげ…」
大橋氏の手記から地獄のごとき惨状に、ついわたしまで目を覆いたくなりました。これが学徒を初め工廠内の人々が見た光景だったのです。

こんな大事件にもかかわらず、新聞報道はたった五センチ四方程度だけにすぎず、中部日本新聞(現中日新聞)には「(略)敵大型を主とする戦爆連合の約百機は志摩半島南岸付近から侵入し豊川付近を爆撃攻撃の後、(略)南方海上に脱去した。これがため豊川付近に若干の被害があった模様で目下調査中」と報道されたのみでした。

読売新聞や朝日新聞も中部日本新聞と似たようなもので、国の方針によって被害の状況がふせられ、事実とは違う報道を強いられました。八月六日の広島、八月九日の長崎に落とされた原爆のはざ間であったため「海軍工廠」の悲劇は、関係者や地域の人以外にはあまり知られることはなかったのです。従って遠くにいた家族は、悲惨な爆撃のことをほとんど知ることはありませんでした。

仕事の合間に僚友や遺族を訪ね、貴重な証言を集めほとんど一人走り回り編集し、昭和四十五年から「ここに再び」として出し続けた。数えて十四集目、被爆四十周年を記念して出版したのが『嗚呼 豊川海軍工廠』である。大学ノート大(B5判)で、七十人の僚友、遺族から寄せられた証言が並ぶ、六五三頁もの大作。

加藤右一
前芝校区西浜町初代自治会長。(西浜町・平成十三年前芝校区加入)

加藤右一《ういち》※さん（西浜町・昭和四年生まれ・養成工員四期生）は大先輩ですが、わたしが日色野町自治会長の時、西浜地区の区画整理事業が完成し、たくさんの住宅が建ち西浜町として前芝校区の仲間入りしました。加藤さんは初代の自治会長であったので、以後お付き合いさせてもらいました。

その加藤さんは、「機銃部に勤務していた。十七歳であった。非常時には工廠の北側の二五ミリ機銃砲台の砲手としての任務も命ぜられていた。退避命令と共に持ち場に着いたときには、すでにB29の編隊が見えた。

責任者の将校は『オレは工場をみてくる。加藤が指揮を取れ』と指揮棒、双眼鏡を渡して行ってしまった。『わたしは加藤さんとともにここを死守します』と言った者もいたが、『撃ってもどうせ弾丸が届かん、無駄だ。死んでは何にもならん、逃げるぞ』と叫んだ。その時には正門の少し西の方角で爆弾が破裂していた。

四つの門以外で北門の近くに一般的には知られていない秘密ともいえる出口があることを知っていたので、そこへ七人を引き連れ

火薬庫

火薬庫は引込み線の北側に位置していた。ほとんどの人たちは、火薬庫に爆弾が落ちたら危ないと正門・西門へ殺到した。

第一火薬庫全景（「旧豊川海軍工廠近代遺跡調査報告書」より）

て走った。みんなで堀に板を渡して二〜三人どうやら渡れる通路をつくり、やっと出て赤塚山へ走った。渡る頃には多くの人たちも来ていた」。

加藤さんたちが渡った、四つの門以外で「一般的に知られていない通路」については、わたしがあたった資料には全く書かれていません。何のために用意された出口かはわかりませんが、極めて興味深い証言です。

爆弾が三八発投下され、三三名の方々が犠牲になったと御津町史に記録されています。

なぜ、愛知御津周辺に爆弾投下されたかについては、「駅周辺へ誤って爆弾を投下したらしい」とか、「大恩寺山砲台を狙ったのではないか」と語られているようです。しかし米軍は、交通網寸断※を狙って作戦的に爆撃していたので、意図的に投下されたのではないかと、わたしは思っています。

交通網・浄水施設・電力施設の破壊
八〇頁脚注、加藤金逸氏の証言には、「交通網・浄水施設・電力施設も偵察によりしっかり情報を把握した上で戦略的に爆撃した。関西線と近畿日本鉄道の木曽川鉄橋が攻撃され…」などと記載されている。

島田たづ子氏（看護婦養成学校二期生豊川市爲当在住）**の証言**
八月三日から患者の疎開先の国府女学校（爆撃後本部）の外科オペ担当となって勤務していた。

当日、退避命令とともに掩蓋のない防空壕に入ると同時に、B29が国府女学校の前の空から爆弾を投下。その様子を見上げていた。

家族も追い返した遺体収容と養成工員四期生

工廠から帰らぬ子どもを捜しにかけつけた親たちは、工廠の方針で理不尽にも追い返されました。従業員たちによって収容された遺体は諏訪町(豊川工業高校近くにある工廠犠牲者墓地あたり)に約千二百体、千両町に約千三百体仮埋葬されました。

加藤右一さんは養成工員同期生の花井敏夫さん(豊橋市神野新田町、昭和四年生まれ・通称五号といわれる対岸に居住・平成十九年死去)と、近いということもあって、ずっと懇意にしており、時々会った時は工廠当時の話もしたそうです。

「花井さんは指令によって遺体の埋葬にあたった。草のはえた運動場にいくつか穴が掘ってあり運ばれてくる遺体を埋めた。大八車や戸板で運ばれてきた。それからトラックでも運んできた。遺体の傷み具合がそりゃあ半端じゃあなく、男だか女だか判別もつかないくらいだし、認識表もはっきりしないしどんどん来るもんで、まあとにかく遺品を返すなんて余裕は全くなかった。家族が遺体を捜しに来るが遺体を渡してはならんという命令が出ているもんで追い返すしか方法はなかった。本当に気の毒だった。

腐敗してきた遺体の臭いは表現ができないなんともいやな臭いで、手なんか油でベタベタになっちゃって本当に大変だった。また夜中でも多くの人が探しに来るので、遺体を埋めた周りに銃剣を持って歩哨《ほしょう》※に立った。終戦後は思い出してしばらくいかなんだ」と、加藤さんは自分が見たことのように花井さんから聞いた体験をわたしに語ってくれました。

加藤さんは「赤塚山から工廠に帰ると遺体収容にあたった。そこはまさに地獄だった。爆撃で埋まった壕《ほり》から掘り出される遺体を戸板に二体乗せて五人が一組になって四人で持って交代して諏訪《すわ》墓地へ運んだ。壕から掘り出された遺体は窒息なのでほとんど痛んでおらず、係りの人が遺体が誰かを記録していた。しかしものすごく暑いので(当日の最高気温三三度)、直撃をくったりして足が無

歩哨
営門など、兵営・陣地の要所に立って、警戒・監視のる任にあたること。また、その兵。

絵の説明には、中心の白い部分はあまりに惨《むご》い風景(様子)なので、白で塗ったとある。

埋葬地の様子　周りを兵が歩哨している

かったり、ひどく傷ついた遺体などは体がパンパンに腫れ上がっていて誰なのかほとんど分からなかった。

四時ごろだったと思うが、遅い昼飯に握り飯が出た。しかし、手はベトベトでも洗う水も無く、またなんともいえない臭いで食べることはできなかった」と語られました。

いったん家に連れ帰った遺体も軍命令で工廠へ再び運ばれたということは、資料に書かれていますが、その確証を得ました。それは加藤右一さんの奥さんであるやえ子さん（昭和九年生まれ・豊川市蔵子・国府国民学校五年生）からです。「兄は国府国民学校高等科二年生で動員され犠牲になりました。爆撃後帰宅しないので家族たちが探しに行って遺体を見つけリヤカーで連れ帰り仏間に安置していたのですが、関係者が来て工廠へ連れて行かれてしまいました」と語られました。工廠には入れてもらえないのに、どうして連れ帰れたのだろうかと疑問に思い改めて訪問し聞いてみると、やはり工廠の外で亡くなっていたのだそうです。個人的な葬儀は軍命

諏訪墓地

令で禁じられていたのでした。

そして遺体が返されなかった軍需工場は、どうやら豊川以外にはないようなのです。この事実にも「豊川海軍工廠」の体質がうかがい知れます。

「いつまで遺体をそのままにしておくのか」という遺族の声も届かず、その後もそのままほって置かれました。軍職員の一〇三名の遺体は、火葬され遺骨も戻されているのにです。一般の遺族はさぞかし納得いかなかったことでしょう。

昭和二十六年(一九五一)五月、やっと遺体を家族に返すことになり、立ち会って掘り出し自分の子どもであるか確認して分かった遺品と、火葬した遺骨が遺族のもとに返されたそうです。しかし、二百体は誰であるか全く分からずじまいだったようです。

出身地別犠牲者数

愛知県	一、一六九名
静岡県	三三一名
長野県	一一四名
岐阜県	九〇名
大阪府	七九名
山梨県	六五名
石川県	五〇名
東京都	四七名
三重県	三九名
福井県	三二名
奈良県	二八名
京都府	二七名
広島県	二五名
滋賀県	二四名
朝　鮮	一九名
福島県	一六名
新潟県	一五名
兵庫県	一五名
神奈川県	一三名
山形県	一三名
富山県	一〇名

他二五県

石原昌俊さんの姉、信子《のぶこ》さんが語った弟の遺体の収容

弟を工廠で亡くし、自分も女子挺身隊として第一信管工場の検査場に勤めていた石原信子さん（平成二十二年死去）をよく知っています。わたしの家では戦後、十年以上も麦刈り稲刈り時期の農繁期に、信子さんとお母さんのユキさんに仕事に来てもらいました。信子さんは体も大きくとても元気がよく姉御肌《あねごはだ》で、日雇い人の手配もして自分の家の仕事のように先頭に立ってよく働いてくれました。ずいぶん一緒に仕事をし、親戚以上のお付き合いだったように思います。しかし、「海軍工廠」でのことは一度も聞いたことはなかったように思います。

信子さんは、牧野元校長先生に遺体収容について次のように語られました。

「私も後から聞いたのですが、亡くなった人たちの死体がどこにあるのか、すぐには分からなかった。帽子だけ出たものの行方不明の人もいて、当初生きてどこかへ行っていると思われていた。第一

豊川海軍工廠模型　①第一信管工場、②防空壕、③第二信管工場

信管工場と同じ区画に建っていた北側の工場はすでに疎開してなかった。その跡地にあった土間のコンクリートを屋根として、その下に横穴を掘り丸木柱を所々に立てたそまつな防空壕があった。

そのうち、疎開した工場の跡地にある防空壕に入っているのではないか、ということで探すと遺体が発見された。コンクリートが崩れて圧死状態だった。その防空壕で八人の生徒は丸くなり抱き合ったまま死んでいた。指がからみあってほぐれず、みんな泣きながらそおっとさすって一本一本手間取ってほぐし、顔の土もきれいに拭いたそうだ。遺品は八月十九日に学校へ戻り、家へ届けられた。

昭和二十六年頃、現在の豊川工業高校の東あたりや千両町に埋めてあった遺体を家族立会いで掘り起こした。頭骸骨には一〇〜一五センチぐらいに伸びた髪の毛がおかっぱ頭のようにへばりついていた。遺族は、頭の大きさ、歯の形、顔の長さなどで、多分これが誰々と話し合ったそうだ。」

生き残り学徒の証言

昭和21年3月　10名いない卒業写真

爆撃当日の状況

前芝国民学校二年生の男子は三四名でした。体調が悪く二人休みましたが、三二名が工廠へ出かけ爆撃によって一〇名が犠牲になりました。そのうちの一人は前日休んでいましたが、当日は元気になって出勤し亡くなったのでした。それでは三二名はその日どのような状況だったでしょうか？

北河正美《まさみ》氏（前芝町）

第二信管に入り物品を運んでいたが、そのうち第一信管に移った。旋盤《せんばん》で削って出た油の付いた鉄くずから油を分離機でしぼっていた。当日前までの避難訓練の時には、松林の前に整列し工廠外へ出ていた。

しかし、当日は突然退避になったと思う。警戒警報の時は、名古屋へ向かうだろうと言っていた。「女子並びに低学年学徒退避」の命令は聞いた覚えはない。出た時には右斜め上空にB29が来ていた。

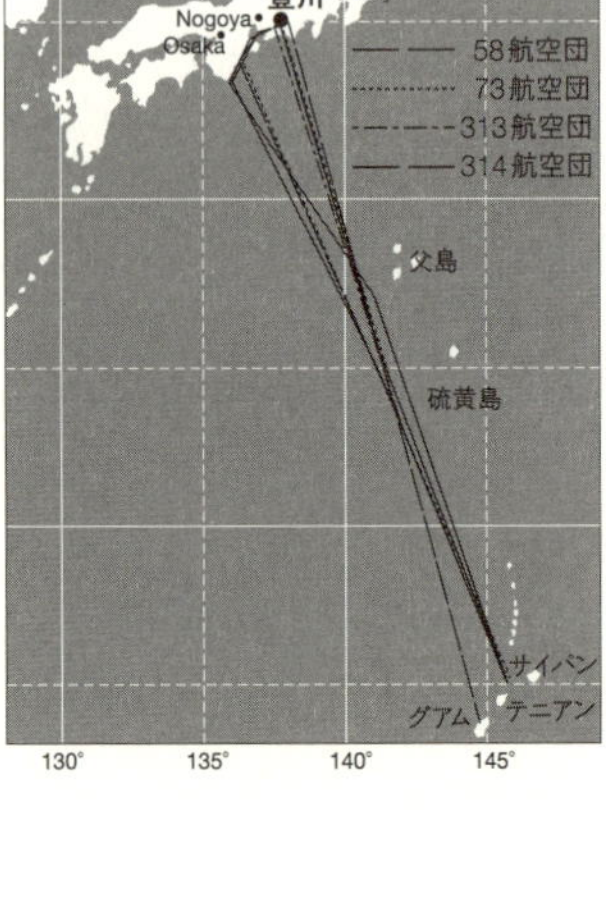

サイパンから東京まで
二、三三〇キロメートル
硫黄島から東京まで
一、一八〇キロメートル

工場近くの防空壕へ飛び込み一番奥の椅子に座っていた。確か南中尉だったと思うが、血だらけになって入ってきた。女子学生に白い布を出させわしがしばってあげた。爆弾が落ち横から土が崩れてきてほとんど全身埋まってしまった。防空壕は高さ一メートル少ししかなく、背を丸めている状態で真ん中の何人かが何とか抜け出そうと背で持ち上げようとしたが駄目だった。苦しくなり「もう駄目だな」と思った。しかし、どうして出たのか全く記憶にないが壕の外に出ていた。

　出てみると自分たちの工場は火を噴いて燃えていた。亡くなった仲間八人は同じ防空壕だった。私たちが作った防空壕は爆撃の難を逃れていた。その壕には女子がいっぱい入っていた。爆撃で出来た穴と穴の間はわずか一メートルくらいであった。正門に向かって逃げたが、途中には死体がいっぱいだった。

　すぐ北の松林の中に弾薬庫があったが、そこは全く爆弾が落ちなかった。三時ごろ、牧野竹生《たけお》と二人で前芝へ帰った。家の近くで二人の母親が待っていた。無事帰ることができた同級生のなかでは

防空用警報機

最も遅い方で夕暮れ近くだった。

正美さんは工廠へ入る前に、当時組織された「海洋少年団」に前芝の同学年で一人選ばれ、塩津《しおつ》のお寺を宿舎にして訓練を受けました。入団前には軍隊の徴兵検査と同じく、素っ裸で徹底的な身体検査を受け、乙種合格ということで入団したそうです。

塩野照夫氏（前芝町）

空襲が始まったときその日は給食当番であった。バケツを持って並び炊事係にスコップで入れてもらい、仲間の給食場所に運んで一人分に分ける仕事だった。並んで待っている時、突然爆撃が始まった。逃げ出して防空壕へ逃げ込んだが、前芝からの同僚は一人もいなく、話す相手もなくて本当にさびしい思いをした。最後まで壕に入っていて、壕から出て行くことはしなかった。中でしょんべんまったり…草履《ぞうり》をなくしてしまって裸足で四時過ぎに前芝に帰った。

大恩寺山

杉浦徳夫氏（故人）

大恩寺山で高角砲を撃ったが、上空七千メートルのB29の下でボカンとはぜただけ。西門（市田方面）へ逃げた。爆撃で目の前は真っ暗闇なので、明るい所（火の手が上がっている所）へ向かって逃げた。市田の川（音羽川）には死体がごろごろしていた。その後、「怒《いかり》部隊※」の指示で防空壕へ入った。五十～六十人の人が入っていた。午後四時頃帰宅した。

柵木良行氏（旧姓石原・丸一水産社長の叔父で老津へ養子に・平成二十三年死去）

当日、「学生はすぐ外に出て退避せよ」とスピーカーの声を聞いて工場外に二列縦隊で並んだときには、すでにB29が来ていた。二編隊（一編隊一〇～一二機ぐらい）だっただろうか。誰かが「すぐ防空壕へ入れ」と言ったので、六～七人で近くの防空壕へ飛び込んだ。それは地面を掘って板でふたをして土をかぶせただけの、長さ三〇

怒部隊

昭和十九年になりいよいよ戦局が悪化、国内残存兵力を総動員し、本土決戦準備に入った。七月十五日、第七三師団（通称 怒部隊・司令部豊川市国府町）の編成が完了した。装備は中央からの補給はなく師団自体で創意工夫するというもので、一万五千の将兵のほとんどが、十九歳で繰り上げ召集された兵や、それまで招集されていなかった高齢の予備兵であった。師団の任務は高師原沿岸以東浜名湖に至る正面の防衛であり、敵が遠州灘に上陸した時「水際撃滅」を方針としていた。そのため、前線部隊は多く民家を利用していた。また、学校は勤労動員で生徒不在のため、兵・馬が駐屯した。兵隊は訓練よりも陣地構築が

メートル、出口のない防空壕だった。入口で「ものすごい爆弾だなあ」と話しながら外を見ていた。B29の腹が開いて、固まって落ちた爆弾が途中でばらけて、雨あられのよう。

その後、工員がなだれ込んできた。「学生は真ん中へ行け」の声で真ん中へ移動。学徒は頭巾を反対向きにかぶり、埋まっているように待機。ダダダッと音がした。工員「近いぞ」直後に入口が攻撃された。音、黄色の煙、揺れがものすごく腸がちぎれそうだった。体が動けなくて、動けば圧迫された。埋まったまま「お母っさん」「かあちゃーん」。神経質の子は「そんなにものいやあ空気がなくなるぞ」と言い、みんな「これで終わりだ」と大泣きした。その後は、みんなさっぱりした。「みんなで生きよう、みんな一緒だからな」と励ましあった。三十分から一時間ぐらい埋まっていたのだが、何週間も埋まっていたような気がした。空襲がやんでガタガタと人が通りだした。埋まっていることを知らせる方法はないか思案した。おりしも豊川の民間の消防団員が板を踏み外して、足が顔の前に落ちてきた。その足を両手でひっつかんだ。それで見つけられた。「生きてる

中心で食べる物も不足、戦う武器はなく米軍と戦えるよような戦力ではなく、戦意は上がらないまま終戦を迎えた。

怒部隊、約三百名が前芝国民学校に終戦まで駐屯した。日色野町の神泉寺前の木にたくさんの軍馬がつながれていて、わたしたち子どもはよく見に行った。日色野町の山本一美さん(昭和二年生)は、怒部隊の要請で物資輸送をしたそうだ。同級生の牧平剛氏(大正十五年生)は前芝村ではただ一人の怒部隊の兵士で、成績優秀でもあり信頼も厚く上官と一緒に農協などへ食料調達に出かけたりしていたそうである。

しかし、間もなく御前崎に転属になった。

怒部隊が救出に出動した記録があるので、前芝に駐

か、手を放せ、みなを呼ぶから」大人が何十人も来て手で掘ってくれた。危機一髪、工員が来たおかげで命拾いした。怪我なしだった。出てみたら工員のいた所は直撃の跡があって、直径二〇メートルくらいの穴が開いていた。手足ばらばらの人、首が飛んでいる人、血だらけの人、背中に破片がくすがっている人もいた。

工廠から走って家に帰った。村はずれに大人がいて、「良行が来た」と迎えてくれた。その日に学徒は三々五々、友達を気遣って学校へ集まり、「無事に帰りました」と先生に生きて帰れた喜びを報告した。

牧平《まきひら》哲《さとし》氏（日色野町）

工場の外に出ると、B29の編隊が右斜め上に来ていて、ザザザザーッと雨降りのような音がした。空襲警報と爆撃が一緒のようだった。工場の骨組みだけは残ったが、すりガラスが吹き飛んでいた。防空壕へ入った。「こんな所におると死んじゃう」という声もあったが、私は「どこへ行っても死ぬのは一緒だで、ここにおらまい

屯していた部隊も救出に当たった可能性があると思われる。

か」とみんなに言った。

二度目の爆撃で崩れて私は胸まで埋ってしまったが、かえってそのおかげで爆風を避けることができた。近くにいた人が「助けてくれ、助けてくれ」と叫ぶ。「母ちゃん」の声ばかりで、男親の名を呼ぶものなし。どのようにほじくり出してくれたか分からない。

外に出ると埋まった人を私も手で掘った。防空壕のそばには、首だけ出して死んでいる人がいて気持ち悪かった。大穴が開いていた。工場が焼けていた。「こんな所にいると死ぬであっちへ行け」との声も聞いたが、逃げ道も、どこが道かも分からなかった。

靴が脱げて裸足で逃げていた。首が無くなっている人、手足が切れている人、首に穴が開いていても逃げる人などで怖かった。恐怖体験で二〜三日は飯も食べられなかった。何年も豊川工廠へは近付く気にはなれなかった。

なぜか担任の市川先生は工廠には来ていなかった。午後、市川先生が「工廠へ行けなかったので、生徒たちの家を一軒一軒回って無事帰ったか確認している」と尋ねてきた。果たして市川先生がどう

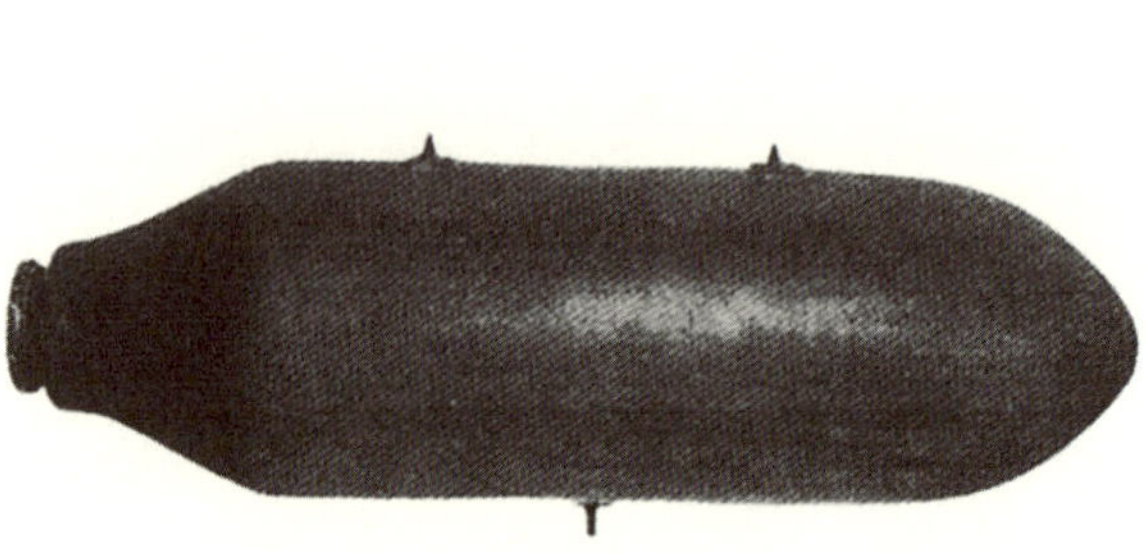

投下された 250 キロ爆弾

して休んだか分からないが、当時はすでに今日にも爆撃があるのではないかといわれており、先生の行動に疑問を持っている。

学校へ行って生き残った生徒たちが、始業前教室で三々五々固まって話している所へH先生が入ってきた。そして、第一声が「生き残った者はくずばっかりだ」と言った。その言葉に心の底から怒りが湧き上がった。怒れて怒れて仕方がなく、あくる日から学校なんか行きたくなくなり、家は出るもののそこらでぶらぶら遊んで過ごした。他にも登校しないものが結構いたように思う。頭も丸坊主が普通であったが、髪を伸ばし格好をつけたりした。

海軍工廠は、初めの頃は、マジックなど見せてくれたり、楽しいこともあった。

当時の教員がすべてそのような思いを持っていたとは信じがたいが、戦時体制の中で軍国少年育成の教育をしたことは事実であり、その様な言葉を投げかけた教員がいたということであろう。この言葉は、牧平哲氏の心に大きな傷跡を残したのである。

山本春夫氏（日色野町）

豊川工廠に動員され、切り子を大八車に乗せて、工廠内に入ってくるトラックまで運んだ。常には、警戒警報が出るとみんなすぐ整列し工廠の門から外に逃げていたが、当日は退避命令が出ると、もう飛行機が真上に来ていた。防空壕へ逃げ込んだ。爆撃で足まで埋まってしまった。ブスブス音がするので工員がスコップで掘ってくれているのかと思ったが、そうではなくて破裂した破片が土に突き刺さる音だった。もう駄目かなあと思っていた。木材で作った防空壕は直撃弾を受けなければ何とか持ったが、コンクリートで作った防空壕は、鉄筋が入っていないので爆発の震動でほとんど崩れてしまった。空襲が終わってから自力で脱出することができ、二～三人で裸足で逃げ帰った。その日に市川先生が家に訪ねてきた。運動場は軍隊が駐屯していて、運動場を畑にしてサツマイモを作っていた。教科書もなにもなかったのでろくに勉強しないで卒業することになってしまった。

すさまじい凶器となった250キロ爆弾の破片

塩野和彦《しおのかずひこ》氏（東京都大田区大森）

平成二十三年四月、工廠で重症をおった塩野さん（東京都大田区大森）をお尋ねし改めて当時のことをうかがいました。しかし、和彦さんはすでに前年、中学三年のお孫さんが、学校の夏休みの宿題でおじいさんの戦争体験を作文にまとめるために孫に語っていました。体験を子、孫に伝えていくことそのものが私の目的でもあるから大変嬉しいことでした。

お願いし、孫裕貴《ゆうき》さんの作文「戦争が残した傷跡」を、和彦さんの「豊川海軍工廠」における体験としました。和彦さんは戦後東京へ出て働きました。奥さんは、わたし同様遺児で前芝在住の北谷宜嗣《きたやよしつぐ》さんの姉で、わたしもよく存じ上げている幸子さんです。現在は悠々自適の生活をされています。

「戦争が残した傷跡」

塩野裕貴（塩野和彦さんの孫娘中学三年）大田区大森在住

昭和二十年三月、高等科（今の中学一年）だった祖父は、学校が授業停止になり、豊川海軍工廠へ学徒動員されました。祖父は明かりを採るためにガラス張りにされた信管工場で、出た鉄のくずを大八車で運ぶ仕事をしていました。

同じ年の八月七日午前十時頃、工場の上にB29がやって来ました。急いで近くの防空壕へ入ったらすぐ爆弾が落ちました。工場のガラスが防空壕の中まで入ってきたので、防空壕から出てみんな散り散りに逃げ出してしまいました。その中で、祖父は友達の杉浦徳夫さんと二人で逃げました。その時でした。近くに爆弾が落ち、そのはぜた爆弾の破片が祖父の手の甲と右のひたいに当たりました。倒れた祖父を見て、徳夫さんは「かこちゃん。かこちゃん」と何回も呼んだのですが、反応がないのでこれ以上立ち止まっていると危険だと思い、逃げたそうです。

徳夫さんが「かこちゃんは死んでしまった」と言って場所を伝えてくれました。家では祖父のお骨を拾う準備をしていたそうですが、その時祖父は生きていたのです。

あの時、「かこちゃん」と呼ばれているのが何となく聞こえ、何と

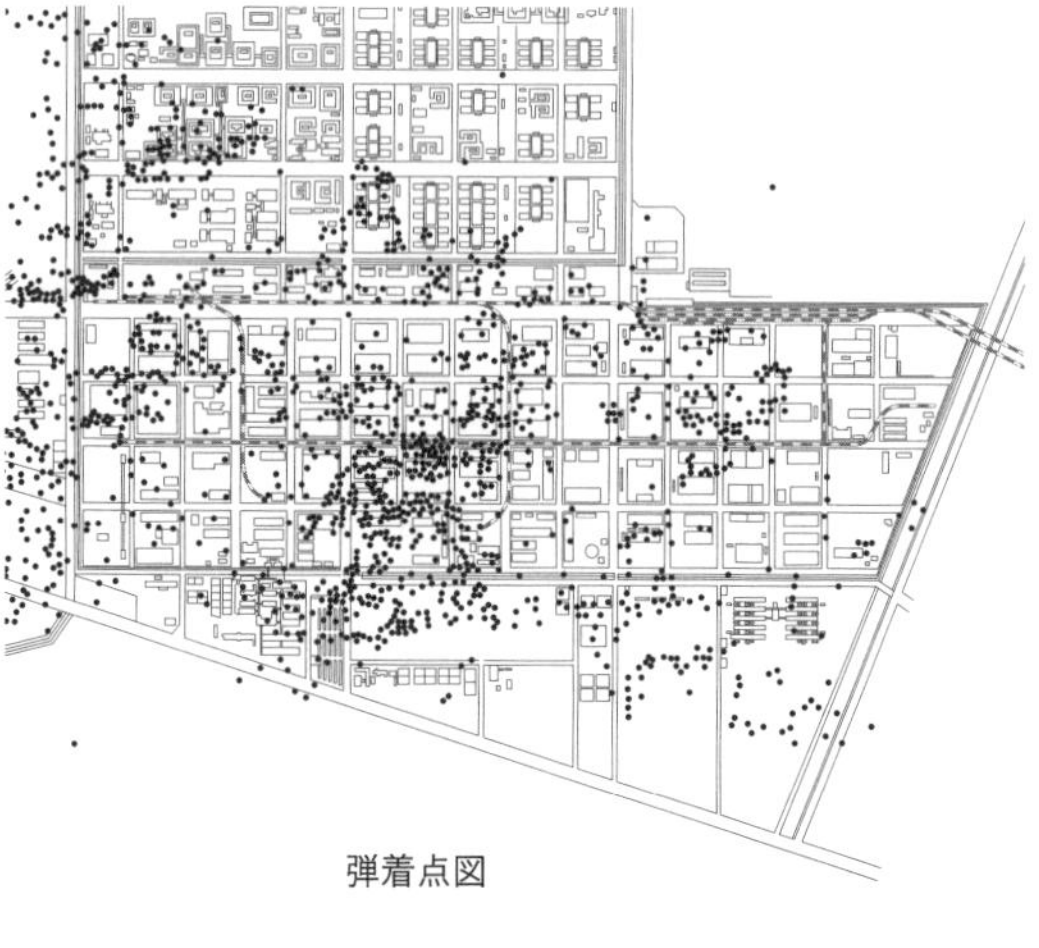

弾着点図

か立ち上がり頭を左手で、右手で左手を押さえて、血だらけになりながら走って逃げました。だが、艦載機《かんさいき》※が機関銃で狙って撃ってきます。機銃掃射です。祖父は伏せたのですが、両脇側を弾丸が通っていくのが分かり、とても怖かったそうです。

そして、走って逃げているうちに何とか、西門から海軍工廠の外に出ました。門を出た辺りの、背がやっと立つ水路に飛び込みました。用水路には水が流れているはずだというのに、それは赤色に染まり血が流れているのでした。それでも祖父は水路にすくみ、やっと空襲警報が解除され用水路から出たのです。

その後どのくらいたったか記憶はなかったそうですが、トラックが来て担架で運んでもらい、トラックの下の段に積まれました。緊急救護室である国府高等女学校に運ばれ、応急手当を受けました。麻酔なしで左手を縫われたそうで意識が朦朧《もうろう》としていたため、痛さは覚えていないが、当時を思い出すと身の毛がよだつと祖父は語ってくれました。

海軍は工廠の中に入らせてくれませんでした。家族は村会議員

機銃掃射した戦闘機
豊川海軍工廠で機銃掃射したのは艦載機ではなくP51ムスタングである。グラマンかムスタングかは見分けにくく、こうした間違いがよく見られる。

だった人に許可をもらって祖父の遺体を探しに行ったが、見つかりませんでした。しかし、三日後、学校から連絡があり、祖父が国府高等女学校に収容されていることがやっと分かりました。

徳夫さんが来て「やい」と呼んでくれたので助かったのだと思ったそうです。同級生三二人中、一一人行方不明。その行方不明一一人の中で唯一助かったのが、祖父だったのです。

あの空襲で入った防空壕は海軍工廠の近くにありましたが、崩れた防空壕で埋まってしまったり、爆弾の破片などを受けて何千人も亡くなってしまったそうです。祖父のいとこであり、祖母の叔母は、その亡くなった人を乗せたリヤカーを見たそうです。上にはむしろをかぶせていたが、それがひらひらしていて、ぶらぶらしている足も見えたそうです。

祖父はあの大怪我が治り、外が静かになった頃退院し、母のリヤカーに乗せられて前芝の近くまで来たところでラジオ放送が流れました。終戦です。八月十五日でした。

「やっと終わった」と祖父はホッとしたそうです。

空襲を受け破壊された工廠の様子

今でもあの傷跡は残っています。亡くなった友達の顔や、あの辛い日々を思い出してしまうため、祖父は戦争に関する映画や番組を見ていなかったし、今まで戦争の時の事をあまり話さなかったのです。しかし、今回初めて私に話してくれました。祖母さえ初めて知った事があったそうです。私は祖父のひたいの二センチメートル大の陥没している傷の事は少し祖母から聞いていましたが、細かい話は知らなかったため、豊川海軍工廠の爆撃の事を聞いた時は、本当に驚きました。助かったのは奇跡だと思います。もう少しずれた所に伏せていたらと思うと恐怖ですくんでしまいます。その奇跡で私は今、ここで祖父母から話を聞き、書くことができています。

この何事もない今に感謝して、また、二度と戦争がないことを心から祈りながら、これからの日々を送っていきたいと思います。

空襲を受け破壊された工廠の様子

座談会の要約

平成二十四年六月から二十五年一月にかけて三回

於　日色野《ひしきの》町公民館

参加者　北河正美　塩野照夫　中村喜一

牧平　哲　山本春夫　各氏

司　会　牧平興治

司会／こんにちは。今日は宜しくお願いします。みなさんに読んでいただいた「豊川海軍工廠における体験」は、牧野茂昭《しげあき》校長が残したものをもとに、わたしが昨年改めてお聞きしたことを付け加えてあります。しかし、何せ五十年以上たってからの聞き取りですので、思い違いもあろうかと思います。ここでみなさん一緒に思い出しながら語っていただきたいと思っております。

まずお聞きしたいことがあるんですが、遺族会で作った戦没者が載っている『平和の礎※』には、牧平辰彦さんだけが光学部となっていて、そこで死んだことになっています。それはどういうことなのか

『平和の礎』豊橋市遺族連合会　昭和五十三年四月発行

平和の礎編集実行委員会一四名の他、校区の遺族会長の努力により、県の援護課へ出向き、軍歴調査など苦労の末発刊。七百頁余、全校区三巻。

座談会

伺《うかが》いたいと思います。

北河／辰彦は光学部へは行っとりゃあせん。爆撃の後、どこへ行っとったかわからんかっただ。それで一日、二日経ってから分かっただ。それは間違いない。

塩野／そうだ。わしらと同じところにおって、爆撃当時ちょうど切り子を二人で運んでいて、もう一人は北河義夫だぞん。

北河／そうだもう一人は義夫だ。第一信管（火工部）におって、その時二人で切り子を運んで行っただ。

牧平／光学部へ行っていたなんて知らんなあ。

塩野／光学部の近くで死んだじゃあないかん。光学部の防空壕で死んどったもんで光学部ということになってしまっただ。

司会／ああ、そういうことかん。辰彦さんと義夫さんは第一信管で働いとったけど、切り子を運んで光学部のあたりに行ったとき、空襲になって光学部の所の防空壕へ入った。それで、死に場所から光学部だということになってしまっただのん。

塩野照夫さん

北河正美さん

北河／前芝ははじめ第一信管と第二信管に分かれた。後から第二から第一にまわった人が切り子運びや雑仕事になった。死んだ人たちは工場の奥の方にいて、出るのが遅くなったもんで…。

司会／第一と第二の作業内容が違ったのかん。

北河／第二は分離機で油をしぼった。

塩野／石油はその時分、日本にほとんどなかっただもんで。

牧平／第一は初めから切り子運びだった。大八車に切り子を積んで東南門近くの置き場に運んだ。往復で大体半日はかかったなあ。

山本／引き込み線に貨車が止まっていて、それに積んだりした。遠かったもんで結構時間がかかった。

司会／公式の記録によると、工廠への爆弾は十時十三分に落ち出した。海軍工廠の規則では、女子並びに低学年学徒は警戒警報で工廠の外へ退避することになっとったんだけど、清水工廠長がだんだんだんだん退避命令を出さんくなるもんで、先生たちが抗議するんだ

山本春夫さん

牧平哲さん

けど、工廠側が聞いてくれなんだと言われているんだよのん。当日の退避命令については、どうだったただん。

北河／なんにしても出た時には飛行機が来ておったもんで。

塩野／みんな同じ防空壕へ入る事になっとるんだけど、退避命令が出て、壕へ入る時に爆弾が落ちてくるのが見えただもん。


司会／訓練の時は、どこへ並んだだん。

北河／正門通って出て、今の姫街道の南あたり、松林の所へ集合する。決まっとっただ。

塩野／その日は、出たら飛行機が来とっただもんで、松林なんか行く暇はない。いつもどおり、警戒警報が出て松林の所へ行きゃあ、そんなの死んじゃあおりやへんよ。

北河／それでもあの日だけだのん。きちっとは並ばなんだのは。とにかく飛行機が来とっただもんで。

塩野／退避命令が遅いだもんで、よかあないわ。

火工部第一信管工場（日本車輌第三工場）（「旧豊川海軍工廠近代遺跡調査報告書」より）

司会／亡くなった人たちはどこの防空壕へ入っただん。

北河／工場の跡を取ったところ。死んだ人はその防空壕へ入った。それで、死んじゃっただ。

中村／なかなか見つからなんだだけどねえ、そこを掘ったら死んどっただ。

北河／その防空壕で死んだのが八人おっただけど、わしらより工場の奥の方におったもんで出るのが遅くなって、おれんとうの所へはこれんで、疎開した工場跡地の基礎に残ったコンクリートの下に作った防空壕へ入って死んだだ。

山本／死んだ人たちが入った防空壕は、コンクリート打ちっ放しの下にただ穴を掘っただけのものだったもんで、爆撃でコンクリートが崩れてきて埋まってしまっただのん。

塩野／入口に落ちただもんで、爆風でみんな行っちゃわあ。うしねんぼ(牛)でも、腹が真二つに裂けて首が木にひっかかっとっただもんで。

中村喜一さん

司会／それじゃあ、助かった人たちはどこの防空壕へ入ったのかん。

北河／北側の出口から出て、並ぶか並ばんうちに飛行機が来ておるんだもんで、全員同じ防空壕だ。わしゃあ一番奥で腰掛で座っておった。康義《やすよし》がいちばん防空壕の入り口でわあわあ言っとった。喜いちゃんは真ん中へんで。

牧平／爆弾が落ちた時は、頭まで全部かぶっちゃっただあ。そのうち顔は出たけど胸まで埋まっちゃった状態でずっとおっただ。胸が圧迫されたのでしばらく胸が痛かったなあ。

北河／入ってすぐ康義が「爆弾が落ちる」って。一回目の時は第一信管のガラスが全部割れてしまって、二回めぐらいの爆弾の時、横がないもんで（素掘りの上に丸太を乗せただけの防空壕）崩れて完全に埋まってしまった。みんなでいちにいさんで持ち上げたけどそんなものは動きゃあせんで…。

中村／丸太の間から土がダアダア落ちてきちゃって、全部埋まっちゃっただあ。やっと頭が出たもんでわあわあ言っとって、「みんないいぞ」「みんな逃げろ」って。それで外へ出ただ。後から、「わあわ

光学部事務所付近に設けられた防空壕

あ騒いでいたのは誰だったか」なんて笑ったことがあったなあ。

北河／わしは背が大きいもんで、一番奥だったもんでみんなの様子が見えた。初めのうちははまだ精がよかっただ。そのうちに泣き出してしまっただ。

塩野／わしは給食当番で、利成《としなり》と二人で給食を作っておるところへ取りに行っておる時、空襲になって、飛行機が来とっただもんで、みんなが入っていると思ってめちゃくちゃ入ったら一人だけだった。みんなを呼ばったけど誰もおやへんで、ずっと同じ防空壕へ入っておっただ。


司会／コンクリートの防空壕に入った人が、直撃を食っただのん。『平和の礎』に池田義三さんと北河等さんは、十時十八分、他の人は十時三十分になっているけど、時間の違いなんてありえようがないということかん。

北河／そんななあ、いっぺんに死んだだぞん。

中村／そりゃあそうだ。

空襲後の豊川海軍工廠（正門付近）

司会／いつごろ帰っただん。

山本／前のほうだったもんで空襲の途中で出れて、誰だか忘れたけど三人で帰った。

牧平／おらあ、一番奥の方だったもんで、まだ出れやあせんで…。

中村／おらあ、出たら女の子が二人おって、「連れてって連れてって」って言うもんで、しょうがねえなあなんていって連れてって。それで、火の海だもんで女の子を用水にぶち込んで、それから爆弾の合間に出て女の子を引き上げたら艦載機がくやあがって、ババっと撃ちゃあがった。女の子の名前を聞いておきゃあよかったけど、そんな余裕なんてなかった。用水の中で爆風でやられちゃった人もたくさんおった。

牧平／わしは正門から逃げた。暗かったけどばあばあ燃えとってかすかにつながって逃げていくのがみえたもんで。

塩野／わしは最後の爆弾が落ちるまでおった。防空頭巾なんて、すぐ被れんもんだのん。目と耳をふさぐことを練習しとったもんで、そればっかやってって、防空頭巾はかけとるだけ。用水は

空襲後の豊川海軍工廠（正門付近）

工廠の周りにぐるっとあって、とにかく熱いもんで水の中に入りたくて飛び込んだだ。

中村／わしらあ、女の子二人を連れとるもんで、やい、足手まといになるとお前とう置いて行っちゃうぞなんて言って。

北河／正門なんて死体がバタバタだった。

塩野／すごかったあのん。


司会／その二人の女の子は助かったのかん。どこの子だったかわかったのかん。

中村／二人とも助かったよ。女の子が「腹減ったのん」って言うもんで、もう少し行くとおにぎりくれておるで、かいど(門)の所で、あそこへ行ってもらって帰れよって行ったら「ハーイ」って別れた。「あの子たちはどの子か、名前を聞いたか」と良行《よしゆき》に言ったら「知らん」って。後から聞いておかにゃあいかなんだなあなんて。わしんとう逃げてきたら、東漸寺※のところで河合なんとかさんが牛車でおって「お前んたちはよう助かったなあ」って。それで、足

萬年山 東漸寺(禅宗)
豊川市伊奈にある檀家約七百、末寺十四ヶ寺を持ち、伊奈本多氏の菩提寺でもある大寺。
梅藪町のほとんどをはじめ、前芝校区にも多くの檀家がいる。

が傷だらけだもんで乗せてもらって帰った。

塩野／わしは四時過ぎだった。

北河／わしはもっと遅かった。みんなと入っていた防空壕を出たけど、バアバア燃えているし、どこへ逃げたらいいか分からんもんで、見たことのある防空壕へ入ったら女の子たちがいっぱいいた。だいぶたってから出て松林の所におった。


司会／良行さんの証言に、「天皇陛下バンザーイって言っとった」というんだけど、そういう風に言ってった子がおっただかん。

塩野／「天皇陛下バンザーイ」なんていうヤツはおらんかった。おらあまあ、死にゃあまあ、しょうがねえなあと思った。腹の少し上まで埋まっておって、はらわたよじれてしまってのん、爆風やら震動で。しょんべんしたり出れやあせんで、草履もなくなってしまったもんで、おらあ爆撃がすんでから、逃げるというのでなくて裸足で帰って来た。

司会／塩野さんは給食当番でということだったけど、そんな早く取りにいくわけ？

塩野／運びに行くだあ。加藤利成と二人で取りに行った。持ちに行く時間も決まっておって順番だった。給食室で大きなはそり(鉄で出来た何十人分も煮炊きできるなべ)で、油をしぼった大豆カスとわずかな米が入っていて…それも臭いだ。

司会／給食をそんなに早く取りにいってしまって、冷めてしまっておるわのん。

中村／いいもんが取れんじゃん、さばの煮たものもあった。だいこづけもあった。係が、前芝は何人というとスコップで適当に入れてくれただなあ。

塩野／熱い物ものなんてなかったなあ。まずかったなあ、おれんたちは百姓だら。百姓家じゃあ食えんかったなあ。何のことはない今で言えば、こえ(肥料)だあのん。防空壕へ隠《かく》れて家から持っていった芋きりぼしなんかを食べておった。

司会／みなさんのお話で、爆撃当日の様子がよく分かってきました。ありがとうございました。

座談会から分かったこと

一・牧平辰彦さんは、『平和の礎』には勤務が光学部となっていたが間違いであることが分かった。第一信管で働いていたが爆撃が始まった時、北河義夫さんと切り子を運んでいる最中で、やむを得ず二人で光学部の防空壕へ飛び込んで亡くなっただろうとのことである。

二・『平和の礎』に辰彦さんの死亡時刻が十時十八分、義夫さんは十時三十分となっている。しかし、二人は一緒に切り子を運んでいたので、同時刻に犠牲になったと思われる。

三・爆撃前に「女子並びに低学年学徒は退避」の命令が出たか否かについては、「工場を出た時にはもう飛行機が来ており、いつものように退避命令が出て工廠外の防空壕に入っておればこのように死ぬことはなかった」というのが参加者の共通の認識であった。

犠牲学徒の親の思い

昭和六十年（一九八五）被爆四十周年として、粟生博《あおうひろし》発行『嗚呼《ああ》　豊川海軍工廠』に掲載されていた、前芝の石原昌俊さんの母、ユキさんと若子徳夫さんの父、英一さんの投稿文を転載いたします。

同じ防空壕で　石原ユキ

昌俊は前芝国民学校より毎日前芝の東はずれに集まり、弁当を持って小坂井駅まで行き、電車で火工部の方へ通っていました。姉の信子も同じ火工部の検査の方でした。あの朝四時頃、夢を見ました。工廠が敵機にやられて全滅してしまいましたので、姉弟に、今日は工廠を休めといいますと、二人ともここで死んでは犬死だ、工廠で死ねば靖国神社に祀られるのだと急いで出かけて行きました。これが息子との最後の別れになろうとは。

私が前芝の海で貝を取っていますとB29が工廠の方へ向かって行くのを見ました。

前芝海水浴場（昭和30年初め頃）

今朝ほどの夢を思い不吉な予感に私は立ちすくみました。姉弟二人が工廠内で働いている、その工廠の方向を見るともうもうと立ち上る煙、無事にいてくれと祈るばかりでした。日も暮れるのになかなか二人とも帰って来ません。近所の方は元気な姿で帰ってきているのに…信子の友達が、姉の方は弟の姿が見えないので探しているから心配いらないですよ、と知らされほっとしました。あたりが薄暗くなる頃、姉がひとりで帰ってきましたので、私たちは抱き合い涙でくしゃくしゃになるくらいでした。

でも、昌俊はなかなか帰ってきません、夜中に灯明を上げ無事を祈っていましたが、とうとう翌朝になっても元気な顔を見せてくれる事はありませんでした。

八日の朝、私は息子の姿を求め工廠へ出かける途中、又、空襲警報が鳴り響き、おそろしくなり逃げ帰ってきました。それから少し後、近くの方々のお話によりますと、前芝の同級生八人が同じ壕で、全員即死した事を知らされました。

今生きていれば　若子英一

徳夫は前芝国民学校より火工部へ通っていました。毎日私の裏庭に集まり出発していました。あの日に限り、何時もみんなで元気にそろっていくのに、全員ワイワイさわいでいてなかなか出かけようともしませんでした。今思えば、虫の知らせではなかったでしょうか。

当時、母は体が強くなくて寝込みがちのため、徳夫が仕事を一生懸命に手伝ってくれ、通りがかりの田んぼを見ては色々苦にしていて私に言ってくれました。死んだ子は本当によい子でした。ちょうど兄も海兵に入っていて、戦地に行っていましたが、その兄は元気に外地より帰ってきましたのに、内地にいた弟が工廠で戦死するとは夢にも思いませんでしたが、本当にかわいそうでなりません。

同級生の成人した立派な姿を見るにつけ、徳夫も今生きていれば男盛りの四十三・四歳になるのにと思うと……　合掌

悲劇の原因と記録

「豊川海軍工廠空爆目撃図」渡辺毅（豊川市桜ヶ丘ミュージアム蔵）

女子並びに低学年学徒の退避命令はあったか

このことについては、わたしが最も強い関心を持った課題でした。

空襲が頻繁になった昭和十九年(一九四四)十二月二十日以降、東海軍管区司令部※の大軍需工場に対する退避方針は、空襲警報と同時に「廠外」へ退避させることでありました。豊川でも六月末までは、少なくとも学徒については、「警報即廠外退避」であったとの証言も多くあります。

北河正美さんや塩野照夫さんたちは「訓練の時は正門を通って出て姫街道の南あたりの松林の所へ集合することになっていた。いつも通り警戒警報が出て松林の所へ行きゃあ、そんなに死んじゃあおりゃせんよ」と語っています。

「豊川海軍工廠」の学徒動員の第一目標は、機銃、弾薬などの兵器生産にあることは言うまでもないことでしたが、人命の尊重という点について海軍規則に慎重な配慮もありました。したがって空襲

東海軍管区司令部
大日本帝国陸軍、軍管区の一つ。大戦末期の昭和二十年二月一日に設けられ、愛知・岐阜・静岡・三重・石川・富山に相当する地域の軍政を統括《とうかつ》した。
※統括・一つにまとめること

時の退避規則も次のように定められていました。

一・国民学校高等科および中学校一・二年生徒を低学年学徒といい、中学校三年以上の生徒および大学・高専の学生を総称して高学年学徒という。

二・女子とは、学徒・挺身隊・職員たるを問わず、すべて女子という。

三・女子と低学年学徒は、「総員退避」より約五分前に発令される「女子ならびに低学年学徒退避」により、整然かつ敏速に廠外に設置されている所定防空壕に退避する。

この規則が守られたか否かは、「豊川海軍工廠」の悲劇の本質を知る上に極めて大きな問題です。

豊橋市立工業(現豊橋工業高校)の教員で、担任として四〇人の生徒を亡くした近藤恒次《こんどうつねじ》※氏は、著書『学徒動員と豊川海軍工廠―77―』のなかで「この日、午前九時をやや過ぎた頃、例のごとく空襲警報が発令されたが、ついで出されるべき『女子並びに低学年学徒退避』

近藤恒次
東洋大学を卒業後、昭和九年・花田尋常小学校代用教員を皮切りに、昭和四十六年・時習館高等学校を定年退職するまで、三十七年間にわたり教鞭をとるかたわら、郷土史の研究と郷土資料の収集に没頭。多くの著書を残した。

愛知大学綜合郷土研究所員・豊橋市文化財保護審議会委員長・豊橋市史編集委員・宝飯地方史資料編集委員などを務めた。昭和四十七年『東海道新居関所の研究』で東洋大学から文学博士号を授与。『前芝村誌』監修。

の命令がなく、ようやく『総員退避』の発令があった時は、すでに敵B29は頭上にあり、すさまじい爆弾の落下音を聞いた。もはや廠外退避どころではない。とにかく生徒を叱咤《しった》して、近くの防空壕に駆け込むのが精一杯であった」と記しています。

また、「豊川海軍工廠」報道班員、石井計記氏の『ああ 豊川海軍工廠 最後の日』の回想録で「わたしは女子ならびに低学年学徒退避を二度叫んだ」(豊川市史にも石井氏の記述を採用している)という記述に対する強い疑いを示すとともに、工廠責任者に対する憤りを表しています。

この工廠の惨劇の本質的問題について、資料などから推察してみます。

『哀惜《あいせき》一〇〇〇人の青春—勤労学徒・死者の記録—』の著者、佐藤明夫氏※によると「東海軍管区司令部の大軍需工場に対する退避方針は、昭和十九年十二月二十日以降は、空襲警報と同時に『廠外に退避』させることであった。この方針は七月二十四日の中島飛行機半田製作所の空襲でも厳守され、その結果、工場内での死亡者は九人

佐藤明夫
昭和二十九年(一九五四)東京教育大学卒業。半田空襲と戦争を記録する会代表。歴史教育者協議会会員。著書に『知多の戦争物語四〇話』など。

にとどまった。豊川でもその原則に従っていれば、命中率が半田より正確であっただけに従業員の死者はおそらくは百人以下に防ぐことができたであろう。爆撃開始十分前の退避命令でも死者は半減したであろうと思われる」とあります。

ついで、時習館高校卒業五十周年記念誌『三州の野に』に載っている、豊橋中学二年生の『天野和夫《あまのかずお》・西村兼夫の手記』を引用。「一九四五年七月も末ごろだったか？敵の飛行機は音も姿もないが、とにかく空襲警報が発令されたことで、オレたちは廠外退避のつもりで北門から出ようとしていた。そこに廠長殿が現われて大音声で怒鳴った。『（略）敵機も見えない空襲警報ぐらいでいちいち逃げ回ってどうする。速やかに現場に復帰せよ』担任教師水谷ゲンコツ先生が、工廠長の前に立ちはだかって抗議してくれた。『学徒は空襲警報発令で廠外退避ということになっています。それは動員当初からの約束事です』みたいに言ってくれた。（略）ゲンコツの抗議は工廠長に無視されて、オレたちは現場に復帰させられた。これ以降、空襲警報になっても廠外退避はおろか、避難もしないで作業を続けさせられるようになった」と書いています。

七月三十日には、一部の学生が自主的に退避したことを清水工廠長が怒り、付添い教師全員を招集して、今後、どのようなことがあっても、廠長の命令なしの退避行動は許さぬことを厳命《げんめい》したといいます（八七会所有メモ）。グラマン戦闘機など来襲による警報の多発から、生産の遅れを心配しての措置でありましょうが、危険なB29と戦闘機の区別は、防空情報から容易に区別がついたはずです。

わたしの義兄である近藤辰美《こんどうたつみ》氏（豊川市麻生田町・昭和三年生まれ）の話では、「静岡県立静岡中学から大工場の『三菱発動機』に学徒動員されていた。爆撃の日も全員工場外へ避難させたので、ほとんど犠牲者は出なかったと記憶している」とのことでした。やはり規則を守っていたのです。

わたしは慶応大学学徒には一人の犠牲者もいないことに気づき、

それはどういうことか疑問に思っていましたが、その理由が分かりました。
　佐藤氏の史料によると、引率教師の判断で空襲の数日前に学徒全員が工廠を引き上げて東京へ帰っていたというのです。※
「学生局員が主となって、作業内容、労働条件、宿泊設備などをよく調査して、その改善をはかり、不適当とおもわれる場合は独断で出動隊を引き上げたこともあった。また、豊川海軍工廠への動員の場合は空襲がはげしく危険が迫ったので、引率教員の適切な処置により、他校にさきがけて引き上げたため、数日後の大空襲を避けることができた」（『慶応義塾百年史』中巻、六四頁）
　そしてまた佐藤氏は「同史の他の記述によれば、慶応は塾長小泉《こいずみ》信三《しんぞう》の方針で、学徒動員付添い教師に対し、終始、学生・生徒の健康と勉学への配慮を要望したという。戦時下の末期でも、学校や教師の姿勢で生徒を守ることができたのである」と述べています。
　これには驚きました。あの時代、このような行動をとらせたとは。
高名な学者であった小泉信三塾長（東京大空襲で顔に大やけどを負

学徒の工廠引き上げ
豊橋技術大学の元教授、中野精一郎氏の証言によると、早稲田大学学生として名古屋の航空機製作工場（愛知時計）に動員された。しかし、引率教員が三ヵ月の動員約束をたてに交渉し、東京に帰って難を逃れた。慶応大学だけではなかった。

う)であったからできたのでしょうか。

『嗚呼　豊川海軍工廠』に、大濱東窓氏(指揮兵器部主任・海軍技術少佐)が書かれた『豊川工廠最後の夏』という文章が載っています。

その中に「……この日、総員退避の命令は、爆弾が落ちるまで出なかったのだが、このことは戦後慰霊祭のおりなどに、遺族から工廠長が厳しくつるし上げを受ける原因となる。ちなみに豊川工廠以外の工廠では、警戒警報で女子ならびに低学年学徒を廠外へ退避させたということを戦後知った」と書かれています。この証言は極めて重要です。主任という立場の人でも退避に対して、そのような認識だったのです。

最も重要な視点である「女子並びに低学年学徒退避命令」が出たかどうかについて、述べて来たことなどを総合してみますと、石井計記氏だけでなく退避命令が出たと言っている証言もあり、結論的には退避命令が出なかったと断定はできないかもしれません。

結局退避命令を出したか否かが問題ではなく、命令が出たときにはすでにB29爆撃機が西南の方角斜め右に来ていたのは間違いない事実なのです。ですから、時すでに遅く、工廠外に出る余裕など全くなく、近くの貧弱な防空壕へ飛び込むのがやっとであったというのが真実であると思います。

なぜ悲劇をまねいたか

結論的に言えば、仮に「清水工廠長の退避命令が出ていたとしても、その遅れが悲劇を招いた」と言わざるを得ませんが、その要因は四つあるとわたしは思います。

一・八月七日は、朝からB29の情報が刻々と伝えられていたのに最後まで「兵器生産第一」と「工廠退避規則」の間に揺れ動き、退避の決断がつかなかった。

二・広大な敷地にもかかわらず、工廠は出口が正門・東南門・北門・西門の四つしかなく、閉鎖された空間で、しかも門衛の許可が出なければ、廠外に出ることもできなかった。

三・日本軍の防空戦闘機は迎撃できる戦力ではなかった。※ 大恩寺山砲台をはじめ、工廠の防空体制が極めて弱かった。

四・防空壕は極めて貧弱で二五〇キロ爆弾には、とても耐えうるものではなかった。

日本軍の防衛戦闘機
日本軍は二月から本土決戦態勢に入っており、本土防空は問題にしていなかった。
訓練を積んだパイロットはほとんど戦死しており、わずかな戦闘機は本土決戦用に隠していた。一説には、六百機以上あったともいわれる。

当日、幹部たちは警戒警報とともに一トン爆弾でも耐えられるように作られた本部地下壕に集合し、監視当局から入ってくるB29の情報を朝から聞いていました。刻々と迫るB29の大編隊を前に清水工廠長が「兵器生産第一」と「工廠退避規則」の間で揺れ動いている間に、この大惨事が起きたと思われます。その時、少年少女の動員学徒、女子挺身隊のことは工廠長の脳裏に去来しなかったのでしょうか。工廠長はいたいけな少年少女の生命さえ無視したのです。

昭和二十年（一九四五）六月以降、東海地区の軍需工場でB29に爆撃されなかったのは、トヨタ自動車などがありましたが、豊川海軍工廠はなんと言っても東洋一の巨大工場でしたから、この時期大編隊で北上してくれば、すぐ豊川だと思わなければいけなかったのです。

海軍の高級将校たちは沖縄戦に敗れてから、いや、マリアナ諸島の日本守備隊全滅の頃から、日本の敗戦を十分予知していました。指揮兵器部で警備隊でもあった大濱氏は『嗚呼　豊川海軍工廠』の中で、「豊川海軍工廠もいずれ徹底的な大空襲を受けるであろうとい

防空壕跡（「旧豊川海軍工廠近代遺跡調査報告書」より）

うことは、皆疑わなかった」と記しています。

二千人を超える犠牲者を出した六月九日の熱田の「愛知時計電機」「愛知航空機」「三菱航空機大江工場」は軍管区の警報ミスでした。しかし豊川工廠は、退避ミスでも警報ミスでもなく「人為的な判断ミス」が最大の原因だったのです。ですから、空襲警報と同時に発令すべき「総員廠外退避」を無視した清水工廠長の責任は逃れられるものではないとわたしは思います。

「海軍工廠」の惨事は、まさに特攻隊に象徴されるように日本軍の体質であり、海軍の考え方を露呈したものといえると思います。

「海軍工廠」は高さ二メートルほどのコンクリート塀に囲まれ、上部には有刺鉄線が張られていました。それを乗り越えたとしても深さ二メートル、幅三メートルの溝(堀)があり、完全に閉じ込められた空間でした。巨大な工場にたった四つの門しか出入り口は無く、門以外からは絶対出られない構造になっていました。

退避命令が出ても廠外退避の余裕などなく防空壕へ入ったもの

西門橋

の、貧弱な防空壕では助からないと考えた人たちは、降り注ぐ爆弾・砂塵・煙などでよく見えない中、門に向かって逃げ惑いました。人々は火薬庫に近い北門はさけ、正門と西門の二ヶ所に集中したのです。しかし門衛は、上司の命令がないからとしばらく門を開けませんでした。後からやってきた、山本芳雄《やまもとよしお》氏（当時海軍書記、のちに豊川市長）が「門を開けろ！　オレが責任を持つ門を開けろ！」とどなり、やっと外に出られたそうです。こうした構造上の問題や退避時の柔軟性に欠けたことも被害を増大させた大きな要因でした。

米軍はもはや一機の迎撃機もないことは知っていました。一〇八頁で加藤右一さんが証言しているように、工廠の防空機銃では、全く役に立たないため、防空隊の砲手たちは逃げてしまいました。そこで、P51ムスタング※のパイロットたちは顔が見えるほどの低空から機銃掃射をしてきました。当時の看護婦長の証言によると、正門に殺到した人々は弾丸をあびせられ一列並びに倒れたそうです。

また、防空壕の貧弱さは論外です。

P51ムスタング
本来の任務はB29の護衛。

清水工廠長は追悼式で深々と頭を下げた

石川県から赤紙ならぬ白紙で徴用された女子挺身隊は、五百名余であり、五二名の方が犠牲になっています。金沢の方で「海軍工廠」へ勤務されていた辻豊次《つじとよじ》氏が、その死を悼《いた》み、昭和三十八年(一九六三)に『ああ豊川女子挺身隊』を編集執筆されました。この本は「豊川海軍工廠」関係のものでは最も早く出版されたものです。この辻氏の書物から、昭和三十一年に行われた「海軍工廠」慰霊法要の模様を転載してみます。

「昭和三十二年八日七日、初めて豊川海軍工廠殉難者慰霊の十三回忌《きほうよう》法要が、旧従業員で構成する「八七会」の主催で盛大に執り行われた。全国から旧職員、従業員、遺族が約五千名参集した。最後の工廠長清水文雄氏が式場に姿を現わすと、場内にざわめきが起こり、遺族から激しい罵声《ばせい》を浴びせるものが出た。…あの場合もっとはやく『全員工廠外退避』を発令していたら、恐らくこんなに多くの犠牲者はださずにすんだことは明らかである。その情況判断が誤っていた。そればかりか、六年間も死体処理の処置をしなかった。そうした憤怒《ふんぬ》が、うっ積していたことは確かにあった。それに、左翼※系の分子が『戦犯清水文雄の責任を追及しろ』とアジった。※そこへこの大法要の機会にめぐりあった。工廠長の姿を見た瞬間、押さえられていたものがほころびて、そこからどっと血がふき出した。そして、バリ、雑言が式場を混乱の渦に巻き込んだ。清水文雄氏は、式場のまっただ中、石のようにつっ立ったまま動かなかった。こみ上げる激情をジッとこらえているようであった。

やがて、直立不動の姿勢から、遺族席へ向かって、ふかく頭を垂れた。……その時、飯野善孝氏(元・副官、海軍少佐)が工廠長のかたわらに進み出て『みなさんのお気持ちはよくわかります。しかし、爆撃は米軍の戦略的なもので、いわば不可抗力です。工廠長はごらんの通り責任を感じ、謝っておられるのだから、どうか……』

そう言ってたけり狂う遺族たちに手を上げて制した。それでやっと騒ぎはおさまった」と記されています。

左翼
社会主義・共産主義の社会を目指して活動する人々や団体。

アジる
「アジテーション」。大衆の心理をうまく掴《つか》んだ言葉で行動を起こすように仕向ける。

飯野氏の「爆撃は米軍の戦略的なもので、不可抗力です」という遺族への言葉は意味をなしていません。みなさんはどう思いますか？わたしは無責任な釈明《しゃくめい》に怒りを覚えます。

何回も言いますが、二千五百名余の犠牲者を出したのは、辻豊次氏も語っているように清水工廠長が退避規則を無視したことにあり、「豊川海軍工廠」だけ規則が守られなかったからです。

確かに空襲警報は頻繁に出ていて、警報のたびに退避させていては生産が落ちます。いったん退避すると生産体制に戻るのに三時間以上かかったようで、そのため空襲警報下でも作業が続行されたのだといいます。しかし、不可抗力ではなく海軍規則違反なのです。まさに人災という言葉がピッタリです。遺族感情からすると、清水工廠長が責められるのは当然なことではなかろうかと思います。

大林淑子さんは、四月十七日の日記に「ニュースを聞いた。二八隻撃沈というすごい戦果であった。これはみな特別攻撃隊のおさめた戦果だと聞いて、思わず頭がさがった。…私たちの腕で作った弾丸がもうきっと出撃してやっつけたと思うと、益々腕がなる…」と書いています。しかし二八隻撃沈などという戦果はありませんでしたし、皮肉なことに、末期に生産された弾薬などはほとんど使用されることはありませんでした。米軍は弾丸などを問題にせず、まず船や航空機を生産する軍需工場を爆撃したため、豊川は最後になったのでした。そして、工廠側でもすでに敵攻撃用ではなく本土防衛のための生産と位置づけていたのです。

幹部の多くは助かっており、しかもその責任は問われていませんし、清水工廠長の写真すら豊川海軍工廠関係本には載っていません。戦後、清水工廠長は「三菱重工業」の大幹部になっています。もちろん優れた技術者であったでしょうから、戦後日本の経済発展に貢献をした側面は認めますが、割り切れぬ思いを持つのは、わたしだけでしょうか。

生き残った方たちも心に傷を負った

聞き取りをしているうちに、みなさんが辛かった体験を心の底に押しとどめて生きてこられたことは感じ取っていました。しかし、北河進さん（前芝町、昭和四年生まれ）とお話して驚きました。「海軍工廠」の体験を今まで子どもにも奥さんにも話したことがないと言うのです。

わたしは、体験者にはできる限りお聞きしたいと思い、情報を得たつもりでした。昨年のある日、用事で進さんを訪ねたとき「牧平さん、あんた今度地区市民館で海軍工廠のことを話すのん。実はわしも海軍工廠に行っておってのん。今まで子どもにも女房にも話してこなかった。あんたに初めて話すんだけど…」としみじみ話されました。詳しく話すのは気が進まないようでしたが、頼みに頼んで体験を文章にしてくださいました。後に載せてありますので読んでください。

進さんは、県立豊橋第二中学校（豊橋東高校に統合）から動員され寄宿舎へ入りました。戦後もお父さんの勤務の関係で他地区から通学し、師範学校卒業後もおもに蒲郡の学校に勤務していたので、学徒動員のことは誰も知らないはずだ、ということでした。

それにしても全く話さなかったとは驚きました。「終戦後、家にいるときB29の飛行音やそれに似た音を聞くと、家の中に居ることができず外へ飛び出した」そうです。

他の方たちの思いも記してみます。

・牧平 哲《さとし》さん（前芝国民学校高等科二年で学徒動員）

「恐怖体験で二〜三日飯も食べられなかった。H先生の言葉が頭にきて、あくる日から学校へなんか行きたくなくなり、家は出るもののぶらぶら遊んで過ごした。他にも学校へ行かなかった者も結構いたように思う。それから何年も海軍工廠へ近づくことはできなかった」

・井上道子さん（豊川海軍工廠、共済病院看護婦養成所第二期生）
「戦後十年間豊橋市民病院、桜丘分院の看護師をしていて、病院のすぐ北を市電が通っていた。昼はなんともないが、夜寝ている時は坂を登ってくる市電のレールの継ぎ目のゴトン、ゴトン、ゴトンという音が爆弾の音に聞こえて目が覚めてしまったり、逃げまどった工廠の地獄絵図が浮かんできて大変怖かった」

・塩野和彦さん
「今も顔に傷痕《しょうこん》が残るほどの重傷を負った。無くなった友達の顔や、あの辛い日々を思い出してしまうため、戦争に関する映画やテレビ番組を見ることはなかった。また、奥さんにさえ詳しくは話さなかった。とにかく思い出したくなかった」

・近藤浩千《ひろゆき》さん（豊橋中学から学徒動員）
わたしは近藤さんの娘さん二人を担任させていただきました。
近藤さんは、豊橋中学では誰もが認める最も悲惨な体験をされまし

豊橋市民病院桜丘分院
平成八年、豊橋市民病院と統合。建物は現在、市総合福祉センター「あいトピア」として使用。

あいトピア

た。死体や重傷者の置き場から父親に見つけられ助かったのです。
改めて近藤さんに直接話を聞きたくてお願いしました。しかし奥様から「先生、だめみたい。『もう二度と話したくない、ぼくの体験は〈われら青春の墓碑銘〉（豊中五十回 時習同期生誌）に載っているのでそれを読んでほしい』と言っています…。」と断られてしまいました。七十年近くなっても話したくないのです。

・藤井明雄《あきお》さん（旧小坂井町、昭和六年生まれ）

わたしが前芝中学で教えていただいた古田玲子《れいこ》先生（豊橋商業から学徒動員）のご主人の親友で、豊橋中学から工廠へ学徒動員されました。定年退職後僧侶になられた藤井さんは、自分史『和顔愛語』の中で「前日から熱があり当日は無理して出かけようとすると母親が『今日だけは休みなさい』と止められ工廠を休んだ」と書かれています。それで災難を逃れたのですが、休んだことが大変心の負担となったようです。

藤井さんは同じく自分史『見たり、聞いたり、感じたり』の中で「お

近藤浩千さんの体験
二〇六頁参照

盆の時期になると、いろいろ考えることが多いのです。八月七日は私にとって大変な思い出の日なのです。深い傷を負わせた、私にとってのトラウマともいうべき大事件の一日です……。

学校が焼け野原となり校舎は間借り、教科書は墨で塗りつぶされた。今まで正しいとされたことが否定され善悪も逆転した。正直なところ何を信じてよいのか、教師も生徒も疑心暗鬼だった。『豊川海軍工廠』で多くの旧友を失ったショックは今でも引きずっているほど大きかった」と書かれています。

わたしは、未完成な文章を読んでいただいた上でお会いし、長々とお話させていただきました。藤井さんは「海軍工廠の体験者だからこそ言える。戦争だけはいけない。憲法改正も反対である。牧平さんのように文章に残し語り継ぐことが大切です」と語られました。

みんな重い体験をしたのです。

生き残った方たちは、程度の違いこそあれ、ＰＴＳＤ（心的外傷後ストレス障害）に苦しんだのだと思います。

　わたしの第二の疑問「豊川海軍工廠の悲劇が、なぜ知らされなかったか」について、わたしは初め

一・海軍工廠側が政府・軍の命令によって証拠の文書をほとんど焼却してしまったため実態がよくわからなかった。※

二・占領軍※がとった諸政策で昭和二十三年（一九四八）から実施された、六・三・三制への教育制度改革により、教員の六割以上が異動になった。さらに申し訳ない言いようではあるが、軍国主義教育の場に身を置き、国策に協力した後ろめたさがあり、教師自身が語らなかった。

このことが大きな理由であると考えていました。

　しかし、聞き取りを進めてきて、あまりに過酷な体験をし、心に傷を負い「思い出したくない」「忘れたい」という思いから、彼ら自身が

証拠の文書の焼却

戦争の資料は、戦犯追求を逃れるため閣議で焼却が決まり、多くが燃やされた。

　山本新一郎さん（四七一部隊・シベリア抑留、約三年）は命令で焼却の任務に当たった。「満州のハルピンで終戦になったが、関東軍主計局の大量の文書の焼却を一人で三日三晩行いフラフラになってしまった。

　なにせどんどん運ばれてくる文書を掘った穴に投げ入れ、油をかけて燃やすのだが、それがなかなか燃えるものではなく、最後は地中に埋めた」とのことである。

占領軍

米軍を主体にした連合国軍総司令部（ＧＨＱ）。

　総司令官にマッカーサー

辛い体験を心に閉じ込めて語らなかったことも、大きな要因ではなかったかと思えてきました。

元帥が任命され、日本に対する占領対策の実施にあたった。昭和二十七年(一九五二)まで続いた。

悲劇を伝える

前芝中学校校門脇に立つ豊川工廠戦没学徒之碑

戦後の混乱から新教育、六・三・三制へ

『前芝村誌』によると、「……教育も占領軍の指令のもとに一八〇度の転向をなすに至った。

戦後七年間というものは占領軍に管理せられ、新教育の名のもとに民主主義教育が叫ばれるようになった。占領軍は、教育を管理するために、総司令部に民間情報教育局を設け、ここで教育の基本方策を指導した。すなわち、二十年末までに以下の重要指令を発した。

一・日本教育制度の管理政策に関する指令
二・教育および教育関係者の調査、除外、認可に関する指令
三・国家神道、神社神道に対する政府の保証、支援、保全、監督ならびに公布の廃止
四・修身、日本歴史および地理停止に関する指令

これら四つの指令は、軍国主義、国家主義の思想および教育訓練の削除をしようとしたものであって、それにかわって総司令部は、新しい教育を実施する方針を明らかにし、文部省は新教育の指針

を編集して全国に配布した。全国の教育者は、教科の改定を急ぎ図書室にある地理、歴史、終身関係の書物はつぎつぎと廃棄《はいき》したばかりでなく、百科事典でさえ墨で関係箇所を塗りつぶして使用するほどであった。教員は適格検査を受けて教壇に立ち、また、学校が児童生徒を引率して神社や寺に参拝することはできなくなった……。昭和二十二年（一九四七）四月一日、法律第二六号および文部省令によって校名を変更して、小学校と称した。

指令措置は消極的な手段に過ぎなかったが、積極的な働きかけの第一歩として、アメリカ教育使節団、教師の再教育、六・三制、ＰＴＡの発足などが行われた」と書かれています。

教員の適格検査があったとありますが、適格検査とはなんだろうと『愛知県近代教育百年史稿』で調べてみますと、戦後ＧＨＱの指示で、戦争推進に加担したとみなされた教員はその責任を問われたことが分かりました。昭和二十二年五月公布の「教職員追放令」に基づいて、五月三十一日までに二八、三二三件の審査が行われ、三〇五名が不適格者となったのです。

検査の結果が出るまでは教えることは許されず、事務や校庭の木の剪定をしたりして結果を待っていたようです。価値観がひっくり返った教育界は、教員一人ひとりにとっても、さぞかし大変な数年間であったと思われます。

わたしの叔父二人が、国民学校で、また戦後の小中学校で校長をしていました。そこで、当時の教育について聞いてみたいと思いつつ、ついに口には出せませんでした。

このことについて最近、日色野町出身の元教員のYさんから驚くべき証言を得ました。Yさんは戦前、海軍に入りたくて三谷《みや》水産学校で学んでいました。戦争末期は教員も徴兵されるようになっていましたので正規教員が不足し、旧制中学校や女学校出の教員が大勢いました。Yさんは卒業するとすぐに、頼まれて代用教員になったそうです。

まず日間賀島《ひまか》※の小学校へ、そして昭和二十三年四月から、前芝小学校へ代用教員として一年半勤務しました。わたしが小学校二年生

日間賀島
三河湾に浮かぶ離島。愛知県知多郡南知多町。

のとき、まったく覚えがありませんが、前芝小学校に見えたのです。

Yさんは戦後の学校の雰囲気について次のように語られました。

「戦後の学校での授業は、まず教科書に墨を塗ることから始った。戦争に関する言葉や文章に墨を塗った。価値観がすべて逆転した。戦争に関する話はいっさいしなかった。当時は国民学校で教えた教師がたくさんいたし、戦争について語ることに上から圧力がかかった。だからその事について話ができるような雰囲気でなかった」と言うのです。


わたしはかねがねYさんが話してくれたような空気が教育界にあったのではないかと、思っていましたので、「やっぱりな」という思いでした。不適格者の審査が行われている最中であることも影を落としていたのではないかと想像されます。

わたしたち同級生九〇人※は、昭和二十二年いわゆる戦後教育(六・三・三制)が始まった四月、小学校へ入学しました。ですから、教員の適格検査の最終結果がでる寸前の入学ということになりま

同級生の戦争話
わたしとともに戦争遺児が五人いる。学校生活で戦争による苦労話などは聞いたことはなかった。
しかし今回の取材の中で、堀江一郎君(小坂井在住)は、現在の北朝鮮の港町「清津」からの引き上げ途中、妹を栄養失調で亡くした。池田照子さん(横浜在住)は、中国で誕生するとすぐ母を亡くし、さらに父は戦死して父の在所の梅薮で祖母に育てられた。
また、太田順子さん(御油在住)、辻村政子さん(神奈川県大和市在住)などのように、何人か疎開していた子たちもいることが分かった。

す。そして新しい教科書で、戦後民主主義といわれる教育を受けました。わたしたちには全く分からなくても、Yさんの言われるような雰囲気の中で教育を受けたのでしょう。

ですからこうした状況も、わたしたちが「海軍工廠」の悲劇について、教えてもらえなかった要因であったと思うのです。

静岡中学から学徒動員された義兄の近藤辰美さんは、現在の静岡大学の工学部電機科を出ましたが、当時就職することは極めて困難で、やっとのことで豊川東部中学へ数学の教師として採用されました。(後、高校教員)

義兄の話によると、「戦争後の学校はまあグチャグチャの状態で、音楽を教える教員はいないわ、とにかく新教育体制に入るのに大変で、混乱していた。なにせ十九歳の若造でなにも分からなかったが、東部中学ではYさんのようなことは感じなかった。しかし『この教育こそ民主教育だ。あるべき姿だ』との会話がよく聞かれた」とのことです。この会話は裏を返せば、戦前の教育の批判とも取れますし、新教育へのみなぎる意欲とエネルギーを感じます。

ただ教師が語らなかった背景としての『いえない雰囲気』については、もっともっと多くの方に聞いてみなければいけないとは思っています。

前芝小学校六年生の平和教育の実践

今年(平成二十六年)六月も十日を過ぎた頃、前芝小学校六年生の子どもたちが、愛知大学記念会館で開かれる「ESD※ユネスコスクールフォーラム」で発表することを知り、会場へ駆けつけました。発表テーマは「平和学習『戦争』で学んだこと」でした。

子どもたちの発表は総合学習で三五時間かけて学ぶ途中段階でしたが、わたしにとってこの上もなくうれしくすばらしい実践発表でした。

学校としての取り組みというより、担任であるI先生の実践でありますが、先生にお願いをしたところ、総合学習での実践を子どもたちがどのように捉えたかを書いてくださいましたので、載せさせていただきました。

ESD
持続可能な社会の担い手を育てる教育。豊橋ユネスコ協会が活動を始めて十年になる。
この活動に豊橋市教育委員会も賛同し、全校加入を目指すよう指示している。すでに六校が認定校に指定されており、現在、前芝小学校、中学校も含めて六四校が認定申請中である。(平成二十六年)

平和や環境など考える心育む
前芝小児童ら活動発表
ESDユネスコスクールフォーラム

発表の様子を伝える新聞記事(平成26年6月16日・東愛知新聞)

戦後七十年、戦争当時を知る人は少なくなってきている。子どもたちの中には、日本が戦争をしていたことさえ知らない子もいる。食べ物があふれ、自分の命を脅かされることなくゲームの中で簡単に戦いができる今の時代、これが当たり前だと感じてしまうが、この平和は、先人たちの礎があってこそであり、「命」の重さを理解してほしいと思う。そのために、六年生の学習で「戦争」をテーマに取り扱うことにした。

前芝小の学芸会では、六年生が「戦争」をテーマに劇を行うことが多い。また、四年前に六年生を担任していた時、知人の紹介でユネスコの出前授業「戦争体験談」「豊橋公園戦争遺跡見学」を知り、継続して活用させていただいている。

本年度の六年生は、総合の学習の時間に「平和学習―戦争―」をテーマに行うことにした。五月三日の憲法記念日をきっかけに「憲法前文の半分以上が戦争放棄、平和について書いてあるのはなぜだろう」と話し合いを行った。

教室で豊橋空襲の体験を聞く

その中で、日本が戦争をしていたことを始めて知った子、祖父から話を聞いたことがある子がいた。そこで、身近な体験者がいる子に話を聞いてくるように呼びかけた。M男は、当時小学生だった祖母から「空襲警報が鳴ると、防空壕に入ってじっとしていてとても怖かった」との話を聞き、さらに戦死者の数も調べ「戦争って自分とは関係ないと思っていたし、ここまで悲惨なものだと思わなかった」との感想をもった。

ユネスコの方に来ていただき、六月十九日の豊橋空襲や、八月七日の豊川海軍工廠の爆撃の様子を、直接聞くことができた。小学生が二メートルもの高い壁を乗り越え、爆撃の間を縫って逃げたこと、逃げる間に人数が減っていってしまったことなどを実際に体験された方に聞くことは、本を読む以上に子どもたちの心に迫り、みな真剣に聞いていた。

子どもたちの感想の中には、「自分たちと同じくらいの年の子が武器を作るために働いていたことを知り、今自分がこの時

「平和学習」まとめの新聞

代に生まれ、楽しく学校へ行けることを有難く思った」と平和な時代への感謝を感想に持つ子もいた。

六月には、豊橋公園に出かけ、ユネスコの方の案内の下、遺跡見学を行った。そこには、第一八聯隊の門や弾薬庫が残っており、豊橋祭りで図工の作品が飾られる身近な公園が、兵舎や演習地であったことを初めて知る子供たちは驚いた。その門から出陣した多くの兵士が戦死したことを知り、豊橋にも軍隊があったことを実感できたようであった。

その他、戦争当時の暮らしを調べ学習で行ったり、体験者の証言を扱ったビデオを視聴したりすることで、子どもたちが「戦争」について考える機会を作ることができたと思う。S子は「戦争調べを通して今がどれだけ平和なのかがわかった。今の平和を今後も保つために、まず、みんなが戦争について知ることが必要だと思う。よく知ることで、平和の大切さを実感すると思う。一人ひとりが思いやりを持って行動することだと思う。そして、これからの私たちの子孫にもこの学習でわかった

豊橋公園で戦争遺跡の見学、憩いの公園が戦争に使われていたことを知る
左、聯隊記念碑の台座　右、歩兵第十八聯隊の哨舎

ことを伝えていくことが大切だと感じた」と書いた。

今後も学習を引き続き行い、戦争体験者の思いを子どもたちが受け継いで行けるようにしていきたい。

ESD「戦争を語る会」の方から当時の様子を聞く

「戦没学徒の碑」と前芝中学校

前校長の内藤先生は肉親が戦死したという家庭の事情もあって戦争についてとても関心を持っておられ、『十三歳のあなたへ』の途中原稿も読んでくださっていました。一昨年（平成十二年）の夏休みの出校日に豊橋高女の工廠体験「あさぶら」を生徒たちに読み聞かせしてくだいました。

「あさぶら」は竹田（旧姓斉藤）富美さんが、疎開先である現在の豊川市萩町から通っていた工廠体験です。これは豊橋高女四十五回生編『最後の女学生―わたしたちの昭和―』に載っていた体験集の中で、わたしが特に感動した四編をコピーして内藤先生に差し上げたものの一編です。

内藤先生は「牧平さん、涙なしには読めなかった」とおっしゃってくれました。

現校長谷中緑《やなかみどり》先生は命の教育に強い思いを持っている先生です。早速昨年（十三年）、夏休みの出校日に、命の教育に通ずる平和教育

ESD「戦争を語る会」の方から当時の様子を聞く

として「戦争体験を聴く会」を開催されました。わたしもお許しを得て参加させていただきましたが、大変良い会でした。

学校発行の『はましぎ』二三号に教務主任河合伸治先生の報告が載っていました。そこで校長先生に報告の転載をお願いしたところ、有難いことにそれをもとに一文を寄せてくださいました。


前芝中学校正門の横には、登下校の生徒たちを見守るかのように豊川海軍工廠戦没学徒の碑があります。私は昨年四月、本校赴任の日にこの慰霊碑に出会い、これが語る史実を知りたいと強く思いました。その後、前芝国民学校の生徒は豊川海軍工廠に学徒動員され、十名の命が奪われたことを知りました。また前芝は後年豊橋市へ合併。市内中学校で慰霊碑があるのは、ただ一校であることも分かりました。

セミの泣き声によりいっそうの暑さを感じた八月一日。全校出校日に、「豊橋空襲を語り継ぐ会」から講師を数名お招きして

豊橋 戦争体験談映像（DVD）
「公会堂の鷲が見ていた豊橋空襲」の他、「軍国まっただ中豊橋の中学生」、「戦争の時代を伝える『豊橋の人々の戦争体験』」、「戦争の時代を伝える『豊橋と周辺地域の戦争遺跡』」がある。企画・制作、豊橋市。豊橋市の中央図書館やじょうほうひろばなどで見られる。

『戦争体験を聴く会』を開きました。

第一部として全校でDVD「公会堂の鷲が見ていた豊橋空襲」※の視聴後、朗読を聞きました。第二部で生徒は学年ごとに、戦争体験をされた方々から、直にお話を拝聴いたしました。また、この日までに、教務主任の河合伸治教諭と図書館司書の谷山美智子さんの資料作りにより、事前学習も進めていました。

生徒の感想には、「前芝中学校の先輩が豊川海軍工廠に学徒動員され、その中の十人が命を落としたと聞き、本当に悲しくなりました」「自分の子どもに戦争の愚かさを語り継いでいきたいと思いました」「今は平和で良かったけど、戦争は絶対に起こしてはいけないと思いました」等の意見が多くありました。

講師の方からの「日常生活に戦争があった」「国と国が話し合いで解決せずに戦争をしたから尊い命を失った。皆さんも同じ。友達と言葉や暴力で争うのでなく話し合いで理解しあえば、いじめはなくなる」という言葉も、生徒たちの心に響いたことでしょう。

事前学習の展示

現在の前芝中学校の生徒たちにとって、何十年も前に母校で学んだ先輩の尊い命を受け止め、今、平和であることの幸せを感じつつ平和を守り続けることや、自他の命を大切にすることを学ぶことこそ前芝中生徒の使命であると感じています。

今後も郷土の歴史や生きた人々の思いを知る中で、平和や命の尊さを学ぶ教育を推進していく必要があると考えています。

豊橋市立前芝中学校長　谷中　緑

前芝校区の保育園・小学校・中学校は豊橋で唯一、同じ校地にある学校です。数年前から小中連携教育が実践され、今年度は中学校の体育館も移動して建設、二月に竣工されました。さらに来年度は、校門も一つ、プールも共有になることが予定されているそうです。

わたしの孫も三人（小五・中二・中三）お世話になっております。学校環境の充実だけでなく、平和教育や命の教育に配慮した学校で学ぶことができ、前芝っ子たちは大変幸せだと感謝しています。

前芝中学校の全校生徒は、戦後七十年の八月七日、ある篤志家の厚意で、豊川文化会館で上演される「嗚呼 青春の花は咲く」を全員鑑賞する。学校ほ帰りバスから降りると、「戦没学徒」の前で黙祷を捧げる予定となっている。

（平成二十七年七月現在）

豊橋前芝中で「聴く会」
平和願い空襲体験を後世に
語りつぐ会メンバーたち　助け合いの精神も伝える

「戦争を聴く会」の新聞記事（平成26年8月1日・東愛知新聞）

前芝国民学校以外の海軍工廠体験

豊川海軍工廠戦没者供養塔

北河 進さんの体験　（豊橋第二中学校　二年生）

北河さんは、父親が教員だったので勤務地の学校へ通っていて、前芝国民学校在籍は、三・四年生の時だけだったそうです。愛知学芸大学卒業後、蒲郡市の教員として働き、豊橋市立津田小学校の校長として退職されました。退職後は校区自治会長もされ、校区慰霊祭も主催したのに「海軍工廠」の体験は誰にも語っていなかったのです。

わたしが趣旨を説明し説得してやっと書いていただいたのが、以下の体験文です。

八月七日、九時三十分頃警戒警報が鳴る。また、敵機がきたかと話し合っているうちに空襲警報となり、慌てて防空壕へ逃げ込む。この防空壕はわたしたちの働いていた調質工場と第三機銃工場の間にあり、長さ二〇メートル幅六〇センチくらいであったと思う。この壕に八名ぐらいが逃げ込み、わたしたち三名が真ん中付近で話し合っていると、やや離れたところに爆弾が落ちる音が聞こえ

豊川海軍工廠戦没者供養塔

昭和二十一年九月二十三日竣工、除幕式を挙行。

塔中には戦没者名簿と廠内縁《ゆかり》の土が収められている。

また各工場の石定盤に戦死者の名が刻まれ、台座の周囲に組み込まれている。

昭和三十二年八月七日、この地において英霊十三回忌法要の際、供養塔の概要「供養塔建立縁起《えんぎ》」を誌《しる》す。

た。そこで、逃げようとしていると、次の爆弾のうなるような音が聞こえてきたと思ったら、泥を板塀にぶつけたようなピシャ、ピシャという音と共に壕の中は土煙で息もできないほどになった。しばらくして土煙が収まったから逃げようと入口や出口にも行ったが、両方とも土で塞がれていて脱出できない。その後二回、三回の爆撃があり、付近に落ちた爆弾で壕の幅は三〇センチほどに狭められて潰されそうになった。

しかし、その後何回かの爆撃で、爆風により天上を覆っていた土が取り払われて、板の隙間から青空が見えた。そこで、壕の中にあった腰板を天上にぶつけて、出口を作ろうとした。その間にも何回かの爆撃はあったが、板の間からB29の飛行方向を見て、今度落とす爆弾は遠いぞ、今度は近いぞということが分かるほど感が鋭くなっていた。やっと天上を破り走り出た。少し走ったとき、爆弾の落下音が聞こえたので慌てて近くの爆弾で掘られたアナに飛び込む。爆撃が終わったので、穴から出ようとすると、すぐそばでうつぶせになっている人がいた。「おいいくぞ」と声をかけて触ってみると、

第一工員養成所

身動きしない、もうなくなっていると思い、先に逃げることにした。

そこから、赤塚山の方へ走った。途中川の中、溝の中、田の中に身動きできない人、手足のない人、腸の出ている人など何人かいた。その中に「助けてくれ、助けてくれ」と叫んでいる人がいた。助けようと近寄ってみると両足が爆弾で飛ばされたのか股から下がない。これでは助けることもできないと思い、一目散に山の方に逃げた。

赤塚山についてみると、顔や手足に怪我をしている人々がたくさんいた。休んでいると、年配の人に、怪我していない人は重傷者を医療所まで運んではしいと言われ、戸板に乗せて運んだ。今考えてみると、臨時の医療所は今の八南小学校ではなかったかと思う。そこには足がねじれて骨と肉と泥の人、腹が破れている人、手のない人、泣き叫ぶ人、うなり声などむごたらしい状況だった。

寮に帰り先生に報告するとともに、当時工廠の第九寄宿舎に心配して来ていた父に無事会うことができた。父と共に家に健康な姿を見せに帰った。一日、二日して寮に帰り、工場の後片付けのために出勤した。避難していた壕に行ってみると多くの人が入口付近で土を掘っていた。見ると同級生二人が生き埋めになっていた。その後、二、三日工場付近を整理したが、手や足の肉片が飛び散っており、その臭いたるや表現のしようも無いほどであった。

その後、家に帰ってもよいということとなり三日ほど帰り、また、寮に戻ったが、その日に終戦になった。

終戦後家にいるとき、B29の飛行音やそれに似た飛行機の音を聞くと家の中で耳を塞いでジイーッとしていたが、それもできなくなり外に飛び出したものです。今でも、B29に似た飛行機の音を聞くと、イライラします。完全に埋まってしまい、最後の編隊まで何度も爆撃にさらされて今度は直撃で死ぬか、今度は生き埋めになってしまうか、逃げようにも逃げられない状況の中に三十分近く閉じ込められて、死と向かい合ったのです。だが、この程度の後遺症は幸いでした。あの時亡くなった人々のことを考えれば、こんなに長く生きて申し訳ないです。亡くなった人たちの冥福を祈ります。

従軍看護婦夢見て入所した私の体験

井上道子

井上さんは、妹さんが前芝へ嫁いでいたこともあり、娘さんの典子さんが小学校一年生の時、前芝に家を建て転居されました。わたしはつい最近、典子さんが企画した旅行に参加して懇意となりました。典子さんはわたしが前芝小学校勤務三年目、六年生担任の時、一年生に在籍していました。典子さんの話の中で「私の母は、豊川海軍工廠の看護婦だった」とのことでしたので、早速、道子さんを訪ねたところ、すでに『私の豊川海軍工廠』というタイトルで体験談を書かれていました。

早速それを読ませていただき、数日後お会いしてさらに詳しくお聞きして重複する部分は割愛させていただきました。

私は旧姓、大井道子といい昭和三年(一九二八)五月、豊川市千両町に生まれ育ちました。祖父母に両親と姉、兄、妹の四人兄弟八人家族でした。十三歳の時、太平洋戦争が始まり二年目の昭和十八年

豊川海軍共済病院幕

四月一日、十五歳の私は「従軍看護婦」を夢見て「豊川海軍工廠付属病院看護婦養成所」の二期生に合格し、八〇名の仲間とともに入学しました。爆撃の日私は十七歳でした。

養成所は、勉強ばかりではありません。診察のお手伝いや患者さんの世話、掃除…。毎日毎日、勉強とお手伝いの繰り返しで、寝る暇も無かったのです。「お国のため、お国のため」と言い聞かせ「従軍看護婦になるのだ」と気持ちを奮いたたせ、しかし授業中の睡魔には勝てず、居眠りばかりしていました。

戦局は明らかに敗戦に向かっていました。情報は統制されていた当時です。「勝利」ばかりの記事が載っていました。記事の内容にシックリこない影を感じながらも「でも、勝つんだ。勝てるんだ」「神風が来る」と励まし合い言い聞かせ、「勝利」を信じて働きました。この頃はあまり勉強どころではなかったのです。

戦局の悪化はすさまじく、兵士達ばかりか看護婦(看護師)にも即戦力の必要性が求められ、二年間の研修は短縮され、一年八ヶ月で

豊川海軍共済病院新本館

卒業、晴れて「正看護婦」となりました。「青いいかりに、十字の記章…」憧れていた白衣に記章を付け、未来を信じて胸を張ったものでした。同級生八〇名と嬉々《きき》として手を取り合い誰もが誇らしげでした。

昭和十九年十二月一日にいただいたお給料は、二七円（白米一〇キロが約三・五円）でした。

新米看護婦の日常は、軍需工場で働く人たちの看護、怪我の治療など病棟勤務で慌《あわただ》しく忙しく走り回る毎日でした。

十九年十二月頃から、B29の偵察機が写真撮影のためにしきりにやってきて、精密な建物配置図を作成しました。一月二十四日、米軍艦載機が編隊でやってきて、低空で機銃掃射をしました。それもアメリカ軍にとっては軽いジャブ程度のものだったのでしょう。空襲警報は繰り返され、防空壕に避難する毎日でした。

昭和二十年八月七日、暑い日でした。真夏の太陽が照りつける午前十時十三分、大編隊を組んでB29が襲来しました。「ゴーッ、

共済病院襟《えり》章（左）、看護婦襟章（中）、帽章（右）

ゴーッ」と低く響く機械音が聞こえたと同時に爆弾の投下が始まりました。次々に姿を現す戦闘機のすべてが爆弾を投下していきました。すぐに「ドッカーン、ドッカーン」と炸裂、「ゴー、ドッカーン、ゴー、ドッカーン」恐怖の二重奏は、終わりのないもののように思われました。

私は、一期生の先輩と一緒に患者さんを引率して防空壕に逃げ込みました。防空壕と言っても音が遮断されているものではありません。外の音はすべて聞こえ、中で小さくなって震えていました。どの位たったのでしょうか、外が少し静かになったので、こわごわ外をのぞいてみました。体中に血の気が引いていくのが分かりました。私の顔は真っ青だったと思います。一緒にいた先輩の顔が死んだ人より真っ青だったからです。絶叫する光景が、そこに広がっていました。「攻撃が少しずれていたら…」と、体ががくがく音を立てて震えました。防空壕の入口から一〇メートルほどの所に、直径二〇メートルもある大きなすり鉢状の穴ができていました。私たちが隠れていた防空壕より何倍も大きな穴でした。

看護婦入所式

その時です。「君たちは逃げなさい。ここに居てはやられる。速く…」と声をかけてくれる人がいました。私たちは逃げました。患者さんを捨てて逃げました。躊躇《ちゅうちょ》しなかったのではありません。看護婦が病人を置き去りにして…後ろ髪を引かれたけれど逃げました。

防空壕を後にして工廠の正門あたりまで来ました。そこには、地獄絵図そのままの光景がありました。工場から逃げてきた人・人・人。生きている人の足もとには、「足」「首」「腕」が散乱し、亡くなった人も重傷をおった人も、重なり合って地面に倒れていました。

手を失った人が大声で叫び、背中に大怪我した人がうめき、体が無事であっても狂った如く理由の分からない奇声を発する人、火薬と汗、ほこりや血のり…筆舌を絶するものでした。

正門の東側に購買部の建物がありました。これが炎上したのです。炎は天に届かんばかりに燃え盛っていました。心までこの炎に焼き尽くされ、焦げそうな思いでした。それでも私たちは逃げました。倒れている人を踏み、蹴飛ばし、つまづき、汗とほこりにまみれて…道とはいわず、畑から畑を走り、他人の家の水を勝手に飲み逃

島田たづ子さん談

当日、国府女学校の理科室がオペ室になった。運ばれた負傷者は骨がのぞいていたり、かろうじて皮膚の一ヶ所だけに支えられて足がぶらぶらしている負傷のむごさに、私たちは手足の切断を余儀なくされた。

先生が手術用ののこぎりで切り落とすのであるが、食塩水も十分になく切れなくなるので台の外に出した腕を先生が「島田、腕をしっか

左から赤川安代さん、島田たづ子さん、今川記代さん

げました。「ドッカーン」途中の芋畑で伏せ、最後と思われる戦闘機をやり過ごしました。やっとの思いで一緒に逃げた牛久保の友達の家にたどり着きました。逃げてきた足跡を振り返るように工廠病院の方を見ると、黒煙が立ち込めていました。「病院が燃えた…」黒煙と同じくらい黒いものが、私の胸を渦巻き、心の中は患者さんを置き去りにしてきた自分に対して、自責の念で一杯でした。「見たくない」の気持ちとは裏腹に、黒い煙に引き込まれぬように見つめ続けていました。茫然自失《ぼうぜんじしつ》というのは、この事なのでしょうか。

看護婦の私たちは、爆撃が収まりしばらくしてから工廠へ向かいました。病院は全焼してしまっていましたが、現在豊川工業高校のところにあった従業員宿舎が救護所になっていることを知り急ぎました。そして、怪我人の治療のお手伝いに当たりました。私たちの所は重傷の患者さんではなく、消毒薬もなく傷を洗ってあげる程度の事でした。

夕方、姉と妹が重い西瓜を持って私を探し当てて来ました。二人

り押さえつけろ」と命令され力いっぱい押さえた。枯れ木が折れるようにボキッと折れた。

麻酔などなく痛さで悲鳴をあげる人もいたが、おおかたは痛いとか苦しいとかは通り越してしまうほどの重傷者だった。切り落とした手足の片付けも私たちの役目だった。手足の重かったこと。今から思えば身震いするほどだが、私は助けたい一心で心を鬼にして働いた。

石田佐智氏（昭和二十年〜二十八年、国府高等女学校教員・舎監として勤務）**の手記**

工廠の大爆撃の後が大変でした。その夕方から患者が続々学校の病院へ運ばれてきました。教室という教室は畳が敷かれ、負傷者はその上

とも私と同様に汗とほこりにまみれていました。あの惨状の中探し回り、私を見つけ出したのでした。海軍工廠の空襲を知った家族が、心配して二人をよこしたのでしょう。西瓜を食べました。のどはカラカラだったのに、西瓜の味は覚えていません。ただ、西瓜の赤い実がお湯のように熱かった事だけが鮮明に思い出されるのです。

工廠一帯は、ガレキ、死体の山でした。猛暑の中、死体は一日で腐敗が始まり、悪臭が立ち込め始めました。伝染病の危惧もあって死体の処分が急がれました。宿舎の近くの松林に掘った穴に石ころを「ゴロゴロ」放り込むように、無作為に遺体を投げ込み、埋めました。こんな穴が何か所もあり、他には千両にたくさんの遺体を埋めました。

空襲が始まったとき、先生はじめ、先輩の看護婦は皆避難しました。私たちが逃げまどっていた頃、病院では手術が行われていました。ただひとり、見習い看護婦が手術室に残りました。彼女は教えに従い従軍看護婦の理念を忠実に守ったのでした。病院病棟は全焼しました。彼女は手術中に患者さんと共に戦火に巻き込まれ、短

にごろごろ寝かされていました。

理科室は手術室になっていました。警報の発令された真っ暗い中で負傷者のわめき声、苦しみ叫ぶ声、「看護師さん、水、水、水を下さい」と必死に叫ぶ声、麻酔なしで手術するため「痛い痛い」とあげる悲鳴。恐ろしくてこの夜もねむられず、この世の地獄にいる思いがしました。

白衣の歌

島田たづ子さんなどのお話では、「共済病院の歌」や「白衣の歌 青い錨に」（江崎小秋作詞　山口保治作曲）がよく歌われた。

病院のスピーカーから歌が流れ、看護婦たちは口ずさみながら仕事をした。その歌を歌ったのは、島田さんの

い一生を終わらせてしまいました。何とも言えません。哀れで、悲しくて、切なくて…。
海軍工廠では「全員退避」の放送命令が出された直後であったため、国民学校生徒を含めて二千五百人余の命を失う事となりました。しかし、翌日の新聞には『豊川付近に爆撃、若干の被害があった模様』と書かれただけでした。

あくる日からは、仮設病院として国府高等女学校が当てられ、私たちもそこで看護に従事する事になりました。負傷した人の傷口にはウジが湧き、手術が必要な怪我人も麻酔なしで、手術するしかありませんでした。いくら歯を食いしばっても痛さの我慢も限界で、泣き叫ぶ声、低くうめく声、ここにも地獄がありました。

絶望のような一週間が過ぎ、八月十五日になりました。正午のラジオ放送。『敗戦』と『終戦』が昭和天皇の声で伝えられました。「日本は負けた…」実感が伴わない事実を、咀嚼《そしゃく》※するまでもなく飲み込み、

友人で大変《たいへん》歌の上手な今川さんと藤井さんが選ばれて歌った。
　保治は病院で流された軍隊調のものと、愛唱歌風、盆踊り風のメロディーも作曲した。
※山口保治（一九〇一～六八）国府小学校卒業、豊橋中学、東京音楽学校卒業の教師であり、童謡作曲家。戦中、故郷国府に疎開し、国府女学校教員（講師）や共済病院でも教え、「白衣の歌 青い錨に」などを作曲した。「かわいい魚屋さん」「ないしょ」などが有名。

咀嚼
物事や文章などの意味・内容をよく考えて理解すること。

天皇の言葉を涙なしでは聞けませんでした。

「日本は、マケタ…」

進駐軍が来る…これは、敗戦国家日本に住む少女たちの新しい恐怖でした。戦前戦中教育によって、「アメリカ兵は鬼」と叩き込まれたためでした。性的暴力への懸念は臨場感を持ち、宿舎では、夜明けまでヒソヒソ語り合ったりしていました。不安と暑さ、眠れない長い夜が明けると、猛暑の一日が待っていました。

家の方では、私の叔母が香典を持って訪ねて来ていました。「海軍工廠、病院が全滅した」とうわさを聞きつけ、私が死んだと思ったのでした。

進駐軍に対しての不安と恐怖が薄れた九月三十日、病院は解散式が行われ、私たちはそれぞれ家へ帰ることになりました。従軍看護婦に憧れて、入学した看護婦養成所でした。白衣に誇りをもって未来を信じていました。しかし、家に帰りました。次の人生のために…。

養成工員　松下和男さんの工廠体験

（昭和二年一月生まれ　前芝町在住）

松下さんはわたしが新卒で担任した松下尚生君のお父さんです。わたしが三年ほど前、久しぶりに毎年夏開催される「豊川海軍工廠展」を見に「桜ヶ丘ミュージアム」へ出かけたところ、松下さんの「年少工員教育課修了証書…十六年十二月二十七日」を発見し大変驚きました。卒業証書が展示されていたのです。

『海軍工廠資料集』には「工員養成所青年科第一本科卒業証書…昭和二十年三月二十八日」も載っています。

さっそく松下さんに報告したところ「忘れていたけど、わしのが展示されとったかん」と考え深そうでした。

何回も体験談を聞きましたが、ある時は尚生くんが来ていて一時間半くらい話を聞いていました。お父さんの話についてわたしがときどき説明をしたのですが、尚生君は「親父から聞いたけど、ボクは

昭和二十年の卒業証書

写真八九頁

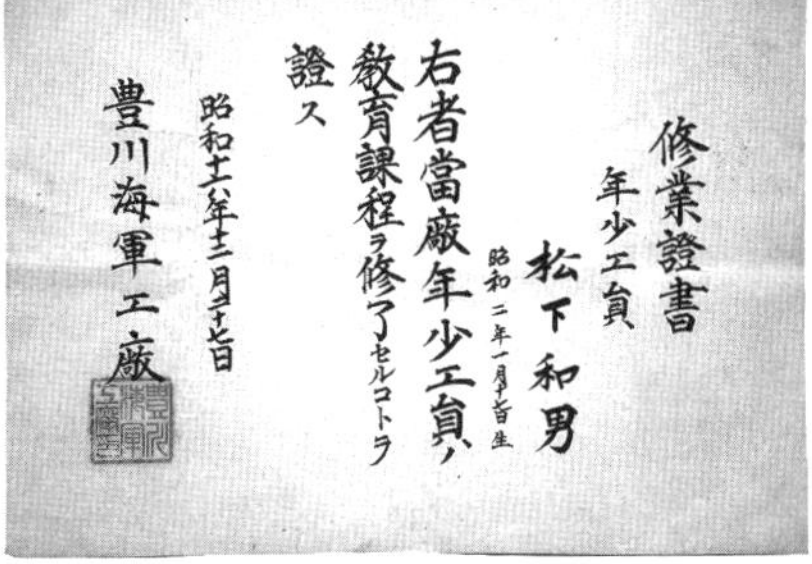

修業證書

年少工員

松下和男

昭和二年一月十六日生

右者當廠年少工員ノ教育課程ヲ修了セルコトヲ證ス

昭和十六年十二月二十七日

豊川海軍工廠

松下和男さんの修業證書

海軍工廠の知識がないのでよく分からなかった。このような写真の載った本を見て聞いたのでよく分かった」と喜んでくれました。

松下さんから聞いたことをまとめてみると、次のような工廠体験でした。


私の家は、父親が死亡し大変貧しかったので、中学へ進むことはできなかった。学校の先生に「豊川海軍工廠」へ行ったらどうかと誘われて、何も考えずに海軍工廠へ入廠した。自転車で通った。養成工へ入れるのは、成績がよい貧乏人の師弟が多かった。半年くらい各部を回って研修を受けて卒業した。

機銃部(前芝の子供たちの信管工場の道路沿い反対側)へ配属されて機銃の一部分をつくった。三交代制であった。

工作機械名が英語で書いてあるので、大学から来た動員学徒に聞いてみると、「ミルオーキー」とか「シンシナチ」と書いてありアメリカ製であるとのことであった。すばらしく性能のよい機械で流れ作業だった。「アメリカと戦っているのに機械がアメリカ製とは」

機銃部第一機銃工場(日本車輌第一工場)(「旧豊川海軍工廠近代遺跡調査報告書」より)

と、何となく不信に思った。

終戦後考えてみれば、アメリカと戦争しているのにアメリカ製の工作機械を使っているんじゃあ勝てるわけがないと思った。

初めは弁当を持っていったが、みんな腹がすくので三回も弁当を取られて給食にした。


広島に原子爆弾が落ちて、今度は「豊川海軍工廠」ではないかといううわさはあった。爆撃当時十八歳で班長代理であった。当日班長は夜勤だったので私が二十人を超す工員の責任者だった。工場は機銃弾では割れないガラスでできていた。

十時過ぎ、退避の号令が出たので大声でみなを促して外に出て工廠のすぐ近くの防空壕に入った。入り口の所に位置して指揮した。シャーッ、シャーッという音がして、次にドカーン、ドカーン、ドカーンというものすごい爆発音がした。目と耳をぐっと押さえてうずくまっていた。至近弾の落ちてくる音は、ちょうど新幹線がすれ違う音にそっくりだった。その内に爆風で入口の扉が飛んでし

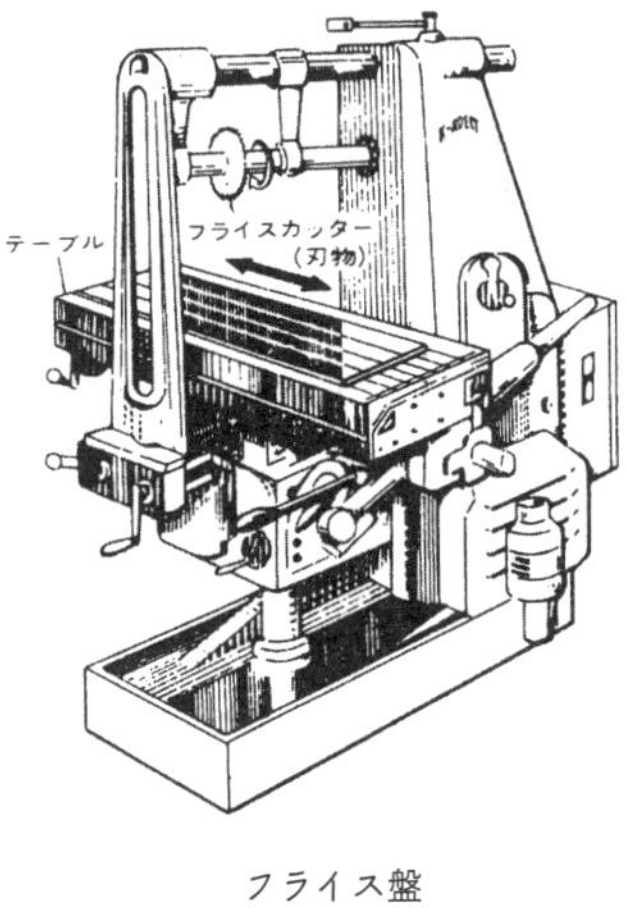

フライス盤

まったので、指示して次の防空壕に飛び込んだ。幸いすぐ近くの壕があいていて幸運だった。

私が入った防空壕は幸い難を逃れた。女の子たちが、ワアー、ワアーと悲鳴を挙げて、呆然としていたので、「すぐ廠外へ出なきゃあだめだ」と促して廠外へ出た。途中、もう死体がごろごろしていた。

空襲が終わった後、上司から「すぐ家に帰って無事なことを親に知らせて来い、そして工廠でもお前を探しているので、もう一度帰ってこい」と言われて、家に帰った。

あくる日から中部天竜（飯田線沿線で現在浜松市）へ異動になった。当時は爆撃を予測して各地に工場が疎開していた。

松下さんの話で大変興味深かったのは、工作機械がアメリカ製だったことである。「アメリカと戦争しているのに、機械がアメリカ製とは。これで大丈夫かと不信に思った」と語られています。高等科二年の牧平哲さんも同じことを思ったそうです。十三歳の少年でもそのような不信感を持っていたのです。

今でこそ、日本製の工作機械は世界でもトップといえる優秀さですが、当時のアメリカの技術力は日本を遥かにしのいでいたのです。

また、「養成工員見習科」に入ると、資料を読んだ限り寄宿舎に入るのだと思っていました。しかし、松下さんが自転車で通ったというのが事実ですので、第二期の入所当時は、まだ全員入るだけの寄宿舎ができておらず、通える距離であることを理由に通勤になったのかもしれません。

近藤浩千《ひろゆき》氏の体験

近藤さんは、わたしが豊橋市立花田小学校の教師時代、昭和四十年後半に三人姉妹の次女、三女を担任しました。三女は、三・四・五・六年と担任させていただいたため、今も年賀状を交わす関係です。

「豊川海軍工廠」で片方の目を失ったこと、死体置き場から、お父さんに見つけ出されたこと、また、「怪我したところからウジが沸いて、お母さんは付き添い、ウジを取るのが仕事のようだった」と奥さんから聞いて知っていました。しかし、当時はそれほど関心がなかったのでくわしいことは全く聞いていませんでした。

みなさん、『はだしのゲン』というマンガを読んだことありますか？今年亡くなられた著名な漫画家中澤啓治氏の原爆をテーマにしたもので、今でも大変よく読まれています。わたしは、子どもたちに読ませたいと思い学級文庫に入れていました。

その中に「人間の体にウジがわくので、ピンセットで取る場面」が出てくるのですが、そのことがどうしても理解できませんでした。

近藤さんの奥さんから「当時は、消毒薬もほとんどなかったためハエが体に卵を産み付けるのだそうです。主人も海軍工廠で大怪我をしてウジがわき、母親に取ってもらったそうです」と聞いて、初めて理解できたことを思い出します。

県立豊橋中学校（現時習館高校）は、豊川海軍工廠において三七名の学徒と、教員二名が犠牲になっています。豊中五十回・時習一回同期生誌『われらが青春の墓碑銘』には学徒動員のことについて、六百ページを越す貴重な体験記録が残されています。

一五名の方たちが、三一頁にわたり語り合っていますが、学徒動員体験者の生き残りの中でも近藤さんは、特別の存在なのです。

豊川海軍工廠の惨劇を知るために貴重な体験談ですので、近藤さんについての座談の内容を記してみます。

私は、段取工として檻《おり》のような中で、バイト※やドリルの研磨をしていたので、退避命令など全く知らない状態で、何となく工場の中

バイト
旋盤や平削盤で金属切削に用いる刃物。

がざわついて来たな…と感じた程度でした。そのうちにドカン・ドカンと落ち始め、「これは大変だ」と避難しようと思ったのですが、艦の中には十人近くおったので、いざという時に持ち出しを義務付けられていた「頭陀袋《ずだ》」※のような袋を急いで事務所に取りに行きました。近くに割合立派な防空壕があったことを思い出して、走っていったのですが、もうその時には爆弾が落ち始めていました。

目標の壕もすでに満員で「駄目だ。出て行け」と言われて、他へ行こうと出た途端に、爆風で吹っ飛ばされ、気がついたら、第一信管の防空壕があったのですが、そこへ頭から飛び込んでいました。しかし、そこには誰も入っていませんでした。もうその時、膝や腕から血が出ていたし、どうやら体中怪我だらけの様子でした。

そこは、素掘りの壕で屋根はないし、ビックリしたことに爆撃のショックで、壕の両側の内壁がかしわで手を打つように、開いたり閉じたり、私がプレスされるような感じでした。そんな壕からモグラ叩きのモグラのように頭を出したり引っ込めたりしながら「オー

頭陀袋
僧が修行の旅をするとき、経文や食器などを入れて首に掛ける袋。転用して、色々なものを入れる袋。

イ、オーイ」と叫ぶのですが、全く応答は無し、あたりは真っ暗。どれくらいの時間ここで頑張ったか、とうとう辛抱出来ずにそこを飛び出したところ、負傷者がいて、助けてくれ…と言うつもりでしょう。私は足をつかまれて、またまたひどく転んでしまいました。

その人を蹴飛ばすようにして離れてみると、多分、国学院大学の学生だと思うのですが、腹をやられて腸が全部道路へ出てしまい、もがくものですから、それを泥まみれにして「助けてくれ」と泣き叫んでいました。

それから、女学生が一人、ちぎれた自分の手首を反対の手に持って、髪を振り乱し気違いのようにつっ立ったまま泣いているのも見ました。

第一信管の横の側溝に飛び出して少しでも逃げようとする。そんな時、いきなり背中を丸太でどつかれたような感じで吹っ飛ばされた。

その時に背中へ爆弾の破片が当たったのだと思います。それで動けなくなり、それでもなんとか頑張ったのですが、あたりは暗いし、みんな慌てているので仕方ないのですが、私の身体につまづいて転ぶヤツやら、私の頭を蹴飛ばしていくヤツが居て、その蹴飛ばされたときに気を失ったのだと思います。

気がついたら、臨時の病院になっていた、国府の高等女学校の講堂にいたというわけです。

・そこは死体置き場になっていたそうですね。

ここの死体や重傷患者が並べられているなかから、私が見つけ出された時の様子は、天テン（天野先生）や佐藤モッチャン（ヤマサちくわ会長・佐藤元彦氏）によく聞かされるのですが、なんでも天テンや同級生、うちの親父も含めて七、八人で、死体や重傷者が並べられているなかを「近藤ヒロユキは居るか？と歩いているうちに、さすがお前のお父さんだ、あの暗いなかで『あそこに居る』と一発で見つけた」ということで、この話はこの四〇年間、繰り返し繰り返し聞かされてきました。だから、そんなことだったろうと思うだけです。

・その間何の記憶もなかったのかね？

ありませんでした。もっともいろいろな夢は見ていましたが。結局、気がついたときが丁度夢から覚めるといった感じで、だんだん夢から覚めて来て、身体が痛くて飛び起きたという感じです。

・夢のことを少しは覚えていますか？ 空襲とは無関係の夢ですか？

無関係の夢です。そして、確かに空中遊泳というか、高いところに浮いた感じで、焼ける前の立派な工廠を上から見下ろしていて、あの下級生たちが大勢死んだ防空壕の近くの水道の水が一番冷たくて、アッあの水が飲みたいなあ！と夢の中で思いました。

・その人事不省という時間は、どれくらいだったんですか？

どれくらいの期間と言われても、はっきり覚えていませんが、気がついたのは終戦後だったことは確かです。

・エッ！一週間以上ということ？

怪我はほぼ全身で、爆弾の破片が、このこめかみのところから目の後ろを通り（右目を失明）、ノドの所で止まっていたり、背中の肋骨も四～五本も折れているわ、膝のお皿も割れているわ、といった状態でした。

・とても信じられない。

もう少し、印象に残っていることを話させてください。私が一緒にいた負傷者は全員ウジがわいていた。ただ、付き添いがいて、そのウジをピンセット…と言っても竹製だったが、取ってもらえた人は助かったが、遠くの人や身元不明で付き添いがいなかった人は、皆そのウジに食い殺されました。※

それは、医者の手当てを受けていても手当てなんて、一日おきにガーゼを変えてくれるだけ、三日に一度赤チンを塗ってくれるだけ、これしかありません。私の隣に寝かされていた、海軍の士官候補生も最初は手首だけがありませんでした。しかし、傷口にウジが沸いて肉が腐ってくると、腐った肉を削り骨をのこぎりで切るので

『わが生涯』―豊川海軍工廠機材部― 保生 浩（清水工廠長の甥《おい》）著 より

「保生氏は東京大学工学部を卒業。二十年四月中旬、高等技官（中尉）として海軍工廠へ赴任した。

当日の爆撃で大腿部を爆弾の破片が貫通して国府の女学校へ運ばれて治療を受け、その日から、女子挺身隊の女性が二人つき看護を受けた。」

九月中旬退院後は、工廠長の官舎から通院し十月下旬歩けるようになり東京に戻った。

近藤浩千氏の隣にいた見習士官はうじに食い殺されたのに、保生氏には挺身隊の女性がついたのである。そのことは高等技官であったことと工廠長の甥であったこ

す。鉛筆削りというがこれの繰り返しで次第に上まで切断され、肩のところまで来た時にとうとう死んだんです。

近藤さんは、対談の他に体験談としても投稿しているので、重なる部分もありますが転載することにします。

私は、同級生の皆さんもご承知の通り、昭和二十年（一九四五）八月七日、豊川海軍工廠の米空軍による爆撃で、大小あわせて五ヶ所、負傷しました。その当事の事情は、宗田理先生が平成三年八月に発行したノンフィクション小説『雲の涯《はて》』（ぼくらの太平洋戦争）の中に「竹本昌次」という名前で、私らしい人物が画かれており、それにくわしく書かれております。

その時に受けた私の負傷の中で大きなものは、爆弾の破片が右耳の上の前頭から右の眼球の裏側をとおって上顎《うわあご》の骨を砕いて貫通した傷と、左背部の胸部肋骨《ろっこつ》を五本砕いて一部心臓に達した爆弾破片傷でした。

とから、上層部の配慮が働いたと考えられる。
※『国府高等学校創立60周年誌』によると、「九月三日、病院（患者）総引き上げ」とある。従って、安生氏の「九月中旬退院」は記憶違いであると思われる。

負傷した時から爆弾の破片が右眼球の裏側を貫通したので、視神経を切断されたためにしばらくの間両眼とも見えなくなり、また、破片が咽頭《いんとう》の奥に突き刺さっていたので言葉も言えず、背中の傷で手足も動かすことが出来ず、破片の一部が心臓に達していたので脈拍も非常に弱かったようでした。

しかし、私は負傷した時から意識は割合としっかりしており、※担架に乗せられていく時、「まだ、虫の息があるようだが、もうコイツは駄目だな」とか、「担架に乗せる時、胸に耳をあてたけど、心臓の鼓動がなかったぞ」等という会話をしっかり聞いています。

また、場所ははっきり分からないが、遠くの方から、「豊中三年の近藤浩千はおるか！」「豊中三年のコンドウはおるか！」と、大声で近づいてくる何人かの中で「アッ、あの声は親父だ」「アッ、あれはアマテンも一緒だ」などとはっきり聞いています。

国府高女の野戦病院で、麻酔なしで手術し、爆弾の破片を取り除いた時の「カラン」という音、「その破片をいただきたい」という親父と「軍の機密だから駄目だ」という軍医とのやり取りも聞いてい

近藤浩千氏の体験

前に載せた『われらが青春の墓碑銘』の体験記録とこの体験談とでは、「意識」の問題でかなり矛盾がある。

それは、後にも書かれているが、話をしたり説明をしたりすることが辛かったためと思われる。

推測だが、手術をしてから意識をなくしたのではないかと思う。

ます。また交代で付き添ってくれた話し声等など、何度も意識が薄れたり気を失ったりしながら、その時々の会話をはっきりと聞き、「アッ、俺はまだ生きておるぞ」と自分の生存の確認したことを今でも記憶しています。

そして、終戦となり、海軍共済病院は解散(九月三十日)し、病院も国府高女の校舎から第七男子宿舎に移転し、豊川市民病院と変わりました。私は引き続き入院して傷の療養をしていましたが、十一月頃、天野菊三郎先生が見舞いに来てくださって「お前は出席日数も足りないし勉強も遅れているから、一年休学したらどうだ」と言われました。豊中の入学の時から一緒だった同級生と別れて一年下がるのがとても辛く耐えられそうもなくて、医者が止めるのを振り切って、「必ず毎日通院しますから…」と約束して、まだ、何個かの破片が身体の中に入ったまま無理に退院しました。そしてその翌日から、頭や顔や胸に包帯を巻いたまま学校に戻りました。

その頃学校は、二中の生徒と二部授業をしておりました。また私の家は豊橋の空襲で焼失し、名鉄沿線の小田渕の母の実家に疎開しており、病院は豊川市民病院のところ※でしたので、病院と学校へ毎日、名鉄と市電以外は全部歩いて通うのが大変でした。その上、十二月・一月・二月になって、寒さと冷たさで傷が痛み、とても辛く悲しく、大声を出して泣けば少しは暖かくなるのではないか、痛みも和らぐのではないかと思い、病院へ通う畑の道で、人のいないのを確かめながら大声で泣きました。

私が学校へ戻った時、先生や友達からいろいろと当時の思いでをされ、その時の状況やら傷の具合を聞かされた時に「気を失っていたので何も知らない」「傷はもうたいした事はない」「もう、ほとんどよくなった」等とだけ言っていました。いろいろ根掘り葉掘り聞かれることに、いちいち話をし説明をすることが絶え難いほどつらく、そして、その当時の私には、何か人の好奇心を満足させ、同情を買うことのように思えて、とても嫌でたまらなかったのです。……

今度、近田君から同期生誌に投稿の依頼があった時も、最初はとても書く気にならなかったが、その後、同期生との座談会に出て皆さんの話を聞いたり、中日新聞の『時習館百年回顧編』の座談会でい

豊川市民病院
名鉄・国府・豊川線の八幡駅近くにある現在の病院は、平成二十五年に、移転したもの。

ろいろと豊川海軍工廠時代の思い出を喋らされたり、また時習館高校の生徒の百年記念の文化祭のなかで、生徒たちに講演させられたりしているうちに、だんだんと気持ちが変わってきて、やはり一度、詳しい説明をして、お詫びをし、訂正させて頂いた方が良いのではないかと思い直し、急ぎ筆を取った次第です。……

私にとってその当時から、今でも、一番有難かったのは、豊中時代の友人たちは、私が海軍工廠時代のことの話を嫌がっている事がわかると、私の前では余り空襲の話をしないし、また、私の体のハンディキャップにもまったく触れることはなく、ごく自然に、普通の人と同様に付き合ってくれたことです。

わたしは近藤さんが語りたくない気持ちが十分に理解できました。対談以前、宗田さんに『雲の果て《は》』※を書くため頼まれた時も、ずっと断っていたのですが、とうとう根負けして応じたそうです。「女房、子どもにも一切話していない」とも語っています。それほど「忘れたい」「思い出したくもない」つらい体験であったからでしょう。

雲の果て
宗田理が、日本大学藝術学部映画学科で、実習の創作としてシナリオを書いた時の作品。『雲の涯』の基となる。

おわりに

「豊川海軍工廠」で犠牲になった方のお母さんが「『今日は工廠を休め』と言いますと『ここで死んでは犬死だ。工廠で死ねば靖国神社へ祭られるのだ』と急いで出かけて行きました」と書いておられますが、当時は子どもでもそのようなことを言う時代だったのです。

新聞や雑誌などジャーナリズムは、「パンのためにペンを折って」戦争をあおり、多くの国民もこの戦争を「正しいもの」として協力した側面が確かにありました。

しかし、昭和の戦争の敗戦理由は

一・中国民衆のナショナリズム、および歴史を軽視した。

二・日独伊三国同盟※締結の失敗であり、ドイツ、イタリアを買いかぶった。

三・断固たるアメリカの太平洋政策とその底力を見誤った。

四・日本軍隊の実力、および精神力を買いかぶった。

ことにあると思います。

三国同盟
ドイツのベルリンで調印された、日本・ドイツ・イタリア、三国の同盟。昭和十一年に調印した日独伊防共協定を強化したもので、それぞれの指導的地位の承認と相互援助を定めた。

餓死、病死
生還率は上級将校ほど高かった。

フィリピン戦の犠牲者の推定
投入兵士　六十万人
犠牲者　五一・八万人（在留邦人約二万人を含める）
ただし、投入兵士は海軍、任地への途中、輸送船が魚雷などで沈没し犠牲者も含めている。
毎年四月第一日曜日、三ヶ根山頂に建立されているそして、なんといっても昭和の戦争の最大の不幸は、太平洋戦争に踏み切った東条英樹首相をはじめ、当時の日本首脳部が、物的な国力の差を克服するのが大和魂なのだという精神を強調し、希望的観測を幾重にも重ねた戦争指導にあったとわたしは思います。

三一〇万人余の犠牲者を出し、二三〇万人余の将兵たちの六割は餓死や病気※で亡くなったといわれています。フィリピンを戦場にしたアメリカ軍との戦いは、投入された将兵約六十万人の九割が犠牲になりました。※そのうち約八割が餓死、病死でした。人間は食料がなくては生きられないし、武器がなくては戦えません。首脳部は特に大切な兵站《へいたん》※をおろそかにしたのです。また、指導者が私心にとらわれ、敗戦必至になっても、どう戦争を終わらせるか、その計画もいい加減であったと言わざるを得ません。

東条陸軍大臣が出した『戦陣訓』「恥を知るものは強し、常に郷党《きょうとう》家門《かもん》※の面目を思い、いよいよ奮励してその期待に答うべし、生きて虜囚《りょしゅう》の辱めを受けず、死して罪科《ざいか》の汚名《おめい》を残す勿《なか》れ※」という文言《もんごん》に縛られ、投降は許されず、玉砕したり自戦自活という名のもとに、南

フィリピン観音、各部隊の慰霊碑の前で例大祭が営まれている。

兵站
戦争継続に最も大切な、武器弾薬、食糧補給。

郷党家門
出身の村や親戚の人々。

戦陣訓
「戦陣訓」の本訓、其の二・第七・死生観の項に次のような内容が書かれている。
「恥ずべきことを知る者は、自己の行為を正しくするから、したがって強い者である。常に郷里の仲間や、一家一門の名誉を考えて、いよいよますます奮い励んで、死すべきときに死なずして、生き残って捕虜としての恥辱を

海の島に置き去りにされました。
敵艦に体当たりすることを命ぜられ、四千〜五千名が犠牲になった「特別攻撃作戦いわゆる神風特攻隊はまさにその象徴です。基本的人権など全くなかったのです。わたしはすべてにおいて、あまりに「人の命」を軽く扱ったことの罪は極めて大きいと思っています。
このような軍の体質が、清水文雄工廠長の退避命令の遅れにつながったのだと思います。

A級戦犯として処刑された七人を除けば、昭和二十八年(一九五三)のサンフランシスコ講和条約※によって、無罪放免となりました。しかもその人たちは、清水工廠長同様、戦後日本を担っていく立場になるのです。わたしは、アメリカをはじめとした占領軍が裁いた東京裁判の是非は別にして、日本人が日本人として昭和の戦争の総括をしなかったことが、戦後日本の最大の禍根《かこん》※だったと思っています。
それでは、なぜ総括がされなかったのでしょうか。

受けてはならぬ。また、死後に罪人の汚れた名を残してはならぬ」

サンフランシスコ講和条約
日本国と連合国各国の平和条約。日本国と四八カ国によって平和条約が調印された。この条約の発効により連合国の占領は終わり、日本国は主権を回復した。
しかし、中華人民共和国、中華民国(台湾)は招待されず、招かれたが出席しなかったインド・ビルマ(現在ミャンマー)・チェコスロバキア(当時)、出席したが調印しなかったソビエト連邦(当時)・ポーランドなどがあった。
国交は回復されたが沖縄などはアメリカの施政権(立法・司法・行政の三権を行使する権限)のもとにおかれた。

寺島実郎《てらじまじつろう》編著『時代との対話―寺島実郎対談集―』の中で、著名なジャーナリスト田原総一朗《たはらそういちろう》※氏がこのように言っています。

「実は、元総理の宮沢喜一《みやざわきいち》氏に『何で総括しなかったのか』と尋ねたことがある。宮沢さんは『敗戦後の自民党の幹部は、ほとんど追放組み※ですよ。追放組みとはA級戦犯の子分です。それまで使い走りをしてきた者が親分の総括など出来るはずがありません。』と苦笑いをしていました。」

わたしはこの話に残念ながらいたく納得させられます。ここに日本社会の責任を取らない体質の根源があると思うからです。

昭和の戦争において前芝校区は従軍者四二四名、戦没者は学徒動員戦没者を含め一二九名で約三〇%に達しています。今や最も若い遺児でも七十歳になろうとしています。

戦後、七十年を迎えた現在、「八七会」(海軍工廠従業員の会)の慰霊祭は、会員の高齢化で難しくなり数年前から行われなくなりまし

禍根
わざわいの起るもとや原因。

田原総一郎
昭和九年(一九三四)生。ジャーナリスト、評論家、ニュースキャスター。朝日テレビの深夜生時間討論番組「朝まで生テレビ」(月一回)の司会などを務める。

追放組み
戦後、GHQの指示を受けて定めた「公職追放令」により、職業軍人、大政翼賛会、他、政治団体の幹部などが公職を追われた。岸信介、鳩山一郎など。サンフランシスコ平和条約締結の昭和二十七年(一九五二)、公職追放は廃止された。

た。しかし豊川市は、八月七日に「平和祈念式典」を主催しています。豊橋市では「豊橋市戦没者追悼式」が遺族会主催で行われていますが「遺族会」が解散した校区が出てきており昭和の戦争の風化は顕著です。

彼らの血と涙の代償として基本的人権をはじめとした民主主義を手に入れたことを忘れているかのようです。

前芝国民学校の生徒の尊い命が散った事実を決して無駄にしてはいけないと、わたしは繰り返し叫びたいのです。そして、学徒たちの父母の悲しみがいかばかりであったか、彼らの無念の思いを今一度想像し思いを馳《は》せていただきたいと思います。※

最後にあなたたちへのお願いです。

東日本大震災、福島原発など想定外のことが起こって被害者の皆さんは未だに大変な苦しみを味わっています。福島原発が収束していないのに、原発再稼動の方向へ動いているように見えます。

現在それらの問題だけでなく、昨年(平成二十五年)末、突然選挙

前芝国民学校慰霊

戦後七十年を記念して、前芝校区自治会主催で八月九日(日)、「豊川工廠戦没学徒の碑」の前において追悼式が予定されている。(平成二十七年七月現在)

憲法解釈の変更

『「安倍首相よ、正々堂々と憲法九条を改定せよ」―「立憲主義」を知らない「道徳」と「法」の区別もつかない、そんな議員に国憲を定める資格があるのか―』文芸春秋五月号(二〇一五)小林節、舛添要一、三浦瑠麗氏対談より

対談を始めるにあたって

公約にもなかった「特定秘密保護法案」が国会を通過してしまいました（翌年十二月施行）。自由にものが言えない社会になるのではと心配されています。

　さらに政府は、憲法改正が国民の理解を得られないからと、解釈の変更により、集団的自衛権の行使を認めさせようとしています。簡単に言えば、戦争をできない国から、できる国へと変わろうとしているのです。※

　この国の形が、大きく変わる方向へ動いています。わたしたち国民は、今こそ真剣に考え、覚悟を必要としている状況です。

　それでは、いろいろな問題にわたしたちが賢く対応するにはどうしたらよいのでしょうか。

　わたしの知人であるジャーナリスト浅井久仁臣《あさいくにおみ》さん（イラク戦争はじめ三〇余年戦場取材特派員として活躍された）は、「わたしたちは『情報を読み解く力』をつけておかなければいけないと思います。そのためには、誰でもできる方法で言えば『新聞を毎日しっかり読

の小林節氏の発言
「憲法改正の是非について議論したいのですが、その前に、三月二十日に行われた自公合意について一言申し上げたい。安倍政権は、昨年七月に憲法で禁じられているとされてきた海外派兵に踏みこむ『集団的自衛権』の行使を閣議決定で認めました。いわゆる解釈改憲です。そして今回、自衛隊の海外派兵を用意にする『安保法制』の骨組みに合意した。憲法改正の最重要課題である九条を無視して、話をどんどん進めている。こんなことをしていたら、日本は法治国家ではなくなりませんか。」
※小林節（一九四九・三月生まれ・慶応大学名誉教授・日本の代表的憲法学者であり改憲派）

む』『本をたくさん読む』ことです。そして、『情報を鵜のみにするのではなく自分なりに整理してみる』ことです。そうすると、政府の、政治家の、マスコミ自体の矛盾点が行間から見えてくるようになるのです」と言っています。わたしも浅井さんと同じ考えです。

なかなか難しいことだとは思いますが、そのような心構えを持って欲しいものです。

最後に、この本の執筆に当たり、そのきっかけを与えてくださった、前芝中学校牧野茂昭元校長先生、内藤辰治前校長先生にまず感謝申し上げます。そして、工廠での体験、思いを語ってくださった方々、たくさんの情報をいただいた校区の皆様有り難うございました。

また特に、軍事史研究家で三遠戦跡《さんえんせんせき》懇談会を主催していた、太田《おおた》幸市《こういち》氏に大局的なアドバイスを、そして軍事用語など細部についても懇切丁寧に指摘を頂きました。太田さんのご指導なくしてこの仕事はなし得ませんでした。

さらに、わたしが三郎さんと呼ばせていただき、折に触れて励ま

「このままでは戦争に…」国会前での「緊急青空説法」

六月十八日、瀬戸内寂聴さんは国会議事堂前で開かれた、安全保障関連法案に反対する集会で参加者たちに語りかけた。

「最初はぜいたくはいけないとか、それくらいのことから始まったんです。間のなくどんどん戦争へと国全体が傾いていって日常生活も言論も自由ではなくなりまして、昭和十六年十二月、太平洋戦争がはじまりました。…

また戦争が始まりそうな気配がしてます。若い皆さんは戦争を知らないでしょう。今の日本の状態は、私が生きてきた昭和十五年ごろの雰囲気とそっくりです。…

当時も表向きは平和のようでした。学校に行けるし、

してくださり「讃」まで寄せてくださった中島三郎先輩、タイトルの「十三歳のあなたへ」を書いてくださった、淑子さんのお姉さんである岡崎ゆき子氏、表紙の絵を提供してくださった竹生節男《たけおさだお》氏に心から感謝申し上げます。

そして、編集に携わってくださった春夏秋冬叢書スタッフの皆様には、戦争を知らない世代に理解出来る内容・構成をアドバイスいただき、お礼申し上げます。

食べ物もあるし、普通の生活をしていた。実は後ろのほうから軍靴《ぐんか》の足音が聞こえていたんです。…」

『女性自身』(光文社)平成二十七年七月七日・十四日合併号より

十五年戦争の年表

敗戦までの経過をみて見ましょう。わたしも十分理解できているわけはありませんので、中学生では当然難しく興味が持てないかもしれません。しかし、郷土にこだわって年表にしてありますので、どのような状況であったか知る上で参考になると思います。

特に、戦争中の人びとの生活のようすについては興味を持てるのではないかと思います。

昭和四年(一九二九)十月ニューヨーク株式大暴落、世界恐慌※が始まった。この年豊橋地方の主産業製糸業界、不況のどん底におちいる。

昭和五年は、名古屋、豊橋、岡崎、一宮の失業人口一二、一六七人。愛知県の経済恐慌深刻化。県の調べによると、農家の所得は前年の四〇%〜六五%であった

残飯は貧民にとって欠かせぬ糧《かて》であった。豊橋市の陸軍部隊の残飯払い下げの状況は、次のように報じられている。「特に夜の分は

世界恐慌
アメリカに始まり数年にわたって世界全体に広がった不況。経済の混乱。

顔も定かに見分けがたいのを幸い、一残飯商店に二百名が列をなして押しかけ、むしろ凄惨《せいさん》の気をみなぎらせている。……なかには相当の服装をしている者が子どもを乳母車に乗せて通うなど、その現場は極度に窮乏した最下級生活者の縮図をひろげ、残飯商人は時ならぬ好景気に恵まれている。…豊橋市街地にあらわれた疲弊困窮《ひへいこんきゅう》の姿は末世の感漸《ようや》く深きものがある」(『名古屋新聞』昭和七年六月十八日)世も末であると思われる状況である。

昭和六年(一九三一)

一月　日本ファシズム※連盟結成。

三月　三月事件※。

六月　中村大尉事件※。満州事変の導火線となった。

九月十八日　満州事変。(柳条湖事件)

十月　**十月事件※。このクーデターは満州事変に触発されたもので、豊橋の歩兵第一八聯隊長も関与。**
関東軍奉天占領、吉林省へ進撃。

ファシズム　反議会主義の独裁政治体制。

三月事件　陸軍青年将校らによるクーデター計画、未遂。

中村大尉事件　中村震太郎大尉らが、中国東北部の現地調査中、蒙古で中国兵に殺害される。

十月事件　橋本欣五郎中佐ら軍部クーデター計画、未遂。

十月十四日　**豊橋市公会堂竣工《しゅんこう》※。**

豊橋市内の在郷軍人、約六百人が陸軍墓地で大会を開き、満州事変を勝利に導く宣言決議をした後、豊橋市街行進。

十二月十三日　金輸出再禁止決定。管理通貨制に移行。

○小作争議※深刻化、争議件数五三件。

○少年倶楽部新年号に「猛犬連隊のらくろ二等卒」連載始まる。

○イナゴ取りを四回行って、百貫余り（三七五キログラム）取った。

（磯辺教育百年史）

○戦地に慰問袋を送った。（磯辺教育百年史）

昭和七年（一九三二）

一月　第一次上海事変。

二月　廟行鎮《びょうこうちん》の戦闘で「肉弾三勇士」敵陣の鉄条網を破壊して自爆、攻撃路を開く。

二月〜三月　血盟団事件※。

豊橋市公会堂
中都市の公会堂としては他にない、ロマネスク・スタイルの西洋式建物。
　ロマネスクとは、一一世紀から一四世紀頃、フランス、イタリアを中心にヨーロッパ諸国で行われた建築様式。

小作争議
地主から土地を借りて農業をしている農民（小作人）が、地主に支払う土地の借り賃などでおこる両者のもめごと。

血盟団事件
国家革新を目ざす農村青年らによる一人一殺主義の右翼テロ団体、血盟団員に井上準之助前蔵相、団琢磨（三井財閥幹部）、が暗殺される。

三月　満州国建国宣言。
四月　リットン調査団、満州事変の現地調査。
五月十五日　五・一五事件※おきる。政党内閣時代終わる。
十月　熱海事件。熱海での日本共産党全国代表者会議直前、一斉検挙される。
○日本国防婦人会※結成。

昭和八年(一九三三)
一月　ヒットラー、ドイツ首相に就任。
一月二十八日　**豊橋左翼関係者約八十人逮捕される。**
二月二十日　小林多喜二※、特高※によって虐殺される。
三月　日本、国際連盟を脱退。
四月　陸軍、少年航空兵制度を採用。
四月十六日　**歩兵第一八聯隊※、北満に派遣される。**
五月　京大滝川事件※。
六月　ゴーストップ事件※。

五・一五事件
海軍青年士官ら、首相官邸などを襲撃、犬飼毅首相射殺される。

日本国防婦人会
戦争への協力機関として活動する女性団体。

小林多喜二
作家。代表作、『蟹《かに》工船』。

特高
特別高等警察。大逆事件(幸徳秋水ら二六名の無政府主義・社会主義者を天皇の暗殺をくわだてたとして逮捕・起訴した。翌年、全員が有罪判決を受け、そのうち一二名が死刑)をきっかけに明治四十四年に設置された政治思想警察。

九月　第一回関東地方防空大演習、信濃《しなの》毎日新聞の桐生悠々《ゆうゆう》「関東防空大演習を嗤《わら》う」の新聞論説を書く。

○輸出増加続く（綿布輸出イギリスを抜き世界一となる。）

○学校の行事は戦時色が強まって、市の尚武会※葬へ参列、出征兵士の見送りが増えた。農繁期休業が三日であったのが、五日間になった。工兵特別演習見学が多くなった。（磯部教育百年史）

昭和九年（一九三四）

三月　満州国、帝政を実施。（溥儀《ふぎ》、皇帝となる）

四月　忠犬ハチ公※の銅像、東京渋谷駅前に建つ。

四月九日　**第三師団※の主力満州に出動。**

九月九日　**在郷軍人豊橋連合会、豊橋で大相撲興行。在満将兵慰問のためであったが、批判を呼ぶ。**

十月　陸軍省、「国防の本義とその強化の提唱」のパンフレット配布。

十一月　陸軍青年将校らによる十一月事件。村中孝次、磯

歩兵第一八聯隊
明治十七年、名古屋鎮台、歩兵第六聯隊に創設され、十八年に吉田城址に移った。
昭和十七年、第三師団を離れ、関東軍第二九師団の隷下《れいか》部隊（全面的支援命令を受ける部隊）となる。昭和十九年、崎戸丸に乗船、アメリカ軍に撃沈され全滅。

京大滝川事件
自由主義的刑法を唱えていた滝川教授免職となる。

ゴーストップ事件
大阪・天六交差点で信号無視の兵士を巡査がとがめ軍部と警察が衝突。警察、陸軍に陳謝、軍部の威圧強まる。

尚武会
日清戦争の頃より各地域に

部浅一らクーデター容疑で検挙。

十二月　ワシントン軍縮条約破棄をアメリカに通告。

十二月八日　**豊橋の現高洲町への人毛工場誘致反対運動終わる。前芝村や牟呂村などの激しい反対運動の末、ついに「日本人造羊毛株式会社」は豊橋を断念し大分県に工場建設を決定と発表。約一年間の反対闘争が終わった。四月二十日の反対運動では、警官隊と衝突。責任者として梅薮の小柳清、日色野の清水庄次郎をその場より本署へ連行。漁民、馬見塚の専願寺に千五百名集まり即時釈放を決議。**（くわしくは前芝村誌）

○東北地方大凶作、娘の身売り増加。

○国産パーマネント※機械第一号。

○ラジオの普及が目立ってきた（大正十四年、ラジオ放送※開始）。昭和三年ラジオ体操が始まったこともあるが、戦地のニュースを知りたいというのが大きかった。（磯辺教育百年史）

設立された兵士に対する歓送迎、慰労、弔祭、遺族援助などの活動をした互助親睦団体。その動きを受け、大正十三年に設立される帝国在郷軍人会の前身。前芝村でも日露戦争の帰還兵を囲んで戦勝記念の写真を撮影した。

忠犬ハチ公
亡くなった飼い主を九年間も待ち続けた。

第三師団
師団司令部は名古屋。名古屋、岐阜、豊橋、浜松方面などの出身者で編成された郷土師団。豊橋歩兵第一八聯隊はその隷下部隊。

パーマネント
パーマネント・ウエーブの略。熱や薬品を使って毛髪に長

昭和十年（一九三五）

四月　**豊橋に国防婦人会結成の動きがあり、既存の愛国婦人会との亀裂が生じる。**

八月一日　中国共産党、八・一宣言。（抗日宣言）

八月　相沢中佐、陸軍省において、軍務局長永田鉄山少将を刺殺。

九月　**教育総監、渡辺錠太郎大将、豊橋陸軍教導学校※に来校視察。**

十月　青年学校令※による青年学校全国一斉に開校。小学校に併置。

○弾圧により日本共産党中央委員会壊滅。

○貿易収支十七年ぶりに黒字、綿布輸出高史上最高。

○平均寿命、男子四四・八歳、女子四六・五歳。

昭和十一年（一九三六）

一月　ロンドン海軍軍縮会議、日本正式脱退を通告。各

期的な波形をつける。

ラジオ放送
大正十四年、東京・名古屋・大阪で放送開始。その後に日本放送協会（NHK）が設立された。言論統制が進み、情報は操作され戦争遂行に協力することとなった。
「ラジオ普及率」
昭和十二年（日中戦争ぼっ発）　二一・四％
昭和十六年（太平洋戦争突入）　四五・四％
昭和十九年　五〇・四％

豊橋陸軍教導学校
下士官養成の集合教育機関。各聯隊の優秀な上等兵を集め、卒業と同時に伍長に任官して原隊（もと属した部隊）に戻る。教導学校はこの時、仙台、熊本にも設置された。

国の建艦競争始まる。

二月二十五日　**豊橋陸軍教導学校部隊、反乱将校間の意見対立によって出動中止。**

二月二十六日　**昭和維新の総決算、二・二六事件**※**おきる。豊橋から対馬《つしま》、竹嶌《たけしま》中尉のみ上京して事件に参加。（後、対馬、竹嶌中尉は軍法会議で死刑の判決を受け銃殺される）**

三月　**愛知県、初めての満州武装移民団**※**を送り出す。**

五月七日　斎藤隆夫※（民政党代議士）は、二・二六事件の後、きびしく軍を批判する「粛軍に関する質問演説」を行う。

六月一日　**向山の豊橋工兵第三大隊、改編拡充して工兵第三聯隊となる。**

六月十八日　**第三師団管内の国防婦人会結成。**

八月一日　名古屋の前畑秀子、ベルリン・オリンピック大会で二〇〇メートル平泳ぎで優勝。

青年学校
昭和五年、青年学校令に基づく学校で、全国市町村に設立され皇民教育を行った。在郷軍人が教官として指導した。

二・二六事件
陸軍教育総監渡辺錠太郎、大蔵大臣高橋是清、内大臣斉藤実を殺害。

満州武装移民団
昭和十一年五月、関東軍司令部は、満州に対する農業移民をおおむね二十年間に、百万戸（五百万名）をめどに入植させる計画をたてた。
　試験移民第一陣として四一六名が日本出発。治安が悪いため第五次まで武装して移民した。

八月十一日　日独防共協定調印。
十月二十二日　**豊橋防護団による防空演習を実施。**
○昭和の初めごろからこの年までに名古屋の三菱航空機(株)は陸軍機四二〇機、海軍機八八八機を製作。愛知時計電機(株)は海軍機五〇六機を製作し、名古屋は軍用機製造の中心地となる。
○普通乗用車保有台数、五万台(戦前の最高)

昭和十二年(一九三七)
一月　**豊橋公会堂において国防博覧会開かれる。**
三月　**寺内教育総監来豊、高師演習場補償問題出る。**
四月　防空法公布。
四月〜五月　愛知時計電機、三菱重工業名古屋航空機製作所で、賃上げ争議続発。
六月　第一次近衛文麿内閣成立。※
七月七日　日中戦争おこる。(盧溝橋《ろこうきょう》事件)
七月二十四日　**豊橋工兵第三聯隊出動。**

斎藤隆夫
(一八七〇〜一九四九)
十三年二月「国家総動員法案に関する質問演説」。十五年二月「支那事件処理に関する質問演説」を行い、軍に対する激しい批判演説を行い、攻撃を受けた。十月、大政翼賛会が創立され、政党全て解党となる。戦後、日本進歩党を創立。四十六年・吉田内閣、四十七年・片山内閣のもとで国務大臣に就任。

近衛文麿
(一八九一〜一九四五)
五摂家《せっけ》、近衛家の第三〇代の当主。公爵、貴族院議長。
昭和十二年六月から三度にわたり内閣総理大臣に指名される。
敗戦後、A級戦犯に指名され服毒自殺。

七月二十八日　**豊橋陸軍教導学校生徒隊一部出動。**

八月　第二次上海《しゃんはい》事変。ドイツ式に訓練された中国軍の精鋭部隊が上海周辺に配備され、日本軍大苦戦。

八月　**豊橋～飯田間鉄道全通。**

八月二十六日　**石井部隊（歩兵第一八聯隊）、中島部隊（工兵第三聯隊）出動。**

八月二十七日　トヨタ自動車工業（株）挙母《ころも》（現豊田）に設立。

九月から十一月　**第二次上海事変で豊橋歩兵第一八聯隊、大苦戦。**

九月二十八日　**陸軍の漁船徴用令により、形原町から漁船七隻が前線に赴《おもむ》いた。**

九月二十九日　**負傷兵上海前線より豊橋陸軍病院に帰還。**

九月　**豊橋陸軍教導学校、歩兵科、騎兵科、砲兵科繰上げ卒業。**

十月二十日　**星野部隊（補充隊）、一八聯隊内では対応できず、下地聖眼寺《しょうげんじ》に集結し出動。**

十一月五日　**上海前線より豊橋駅に遺骨多数帰還。この上海攻**

※五摂家とは、鎌倉時代の頃確立した、摂政・関白に任ぜられる家柄。藤原北家の流れをくむ近衛・九条・二条・一条・鷹司の総称。

豊橋駅で出征兵士見送り（「平和の礎」より）

防戦で、歩兵第一八聯隊は総兵力五千人のうち、戦死者千二百人、負傷者三千人に達する犠牲者を出した。

十一月八日　**歩兵第一八聯隊の飯田少佐らの豊橋方面出身戦死者の尚武会葬が、市公会堂で催される。**

十一月　日独伊防共協定調印。

十二月　陸軍大清水飛行場完成。

十二月十七日　南京《なんきん》陥落。南京城攻略に第三師団から、岐阜歩兵第六八聯隊が参加。

十二月　**甲種幹部候補生、豊橋陸軍教導学校に入校。**

○この年陸軍、仙台の第一三師団以下の四師団を増設。

昭和十三年（一九三八）

三月二十六日　**豊橋駅に六七六柱の英霊を迎える。**

三月　国家総動員法公布。

四月　華北※戦線と華中※戦線を結ぶために徐州会戦が始

豊橋駅でご遺骨出迎え（「平和の礎」より）

華北、華中
黄河の北を華北。黄河と揚子江との間の地域を華中。揚子江の南を華南。

まった。この会戦に名古屋第三師団が参加した。

五月二十日　中国軍機二機、九州へ侵入。

五月二十七日　**海軍記念日、豊橋市青年団対抗ボート競漕《きょうそう》大会開く。**

五月三十日　中国軍機二機、九州に侵入。

十月　漢口《かんこう》、広東《かんとん》占領。（戦火華中、華南に拡大）

十一月　近衛首相、東亜新秩序建設を声明。

○上海事変以降多くの負傷兵が豊橋陸軍病院へ収容されたが、収容しきれず現在の豊橋南栄駅の東側の陸軍演習場に陸軍病院高師分院を建てて収容。

○綿糸配給切符制実施。

○横須賀海軍鎮守府施設部は、豊橋市当局を通じて正式に大崎および老津の漁業組合に、用地買収の話し合いを求めてきた。

昭和十四年（一九三九）

四月　米穀配給統制法※公布され、主食の自由販売できな

米穀配給統制法
昭和十六年の四月から、東京・横浜・名古屋・京都・神戸の六大都市では、米の配給制度となり一人一日当たり二合三勺（三三〇グラム）となり二四％減らされた。その後、全てが配給制度となった。二十年の米収穫前は、配給も途絶えたりした。

くなる。

四月十四日　旧名古屋医科大学講堂で、名古屋帝国大学開学。

五月　**ノモンハン※事件。日本軍、ソ連軍の戦車隊および重砲部隊によって完敗。豊橋陸軍教導学校出身の将校、多数死傷。**

六月　パーマネント廃止。

七月　国民徴用令公布。戦争に関係ない職業の人は、片っ端から徴用して軍需工場で働かせるようになる。

七月　アメリカ、日米通商条約破棄を通告。

八月　陸軍予備士官学校令改定により、教導学校に予備士官学校を併設。

八月二十三日　独ソ不可侵条約締結。

九月三日　イギリスおよびフランス、ドイツに宣戦布告。（第二次世界大戦始まる）

十月　女子の常服はモンペ※、男子は軍服規格の服。

十二月　**豊川海軍工廠竣工。**

ノモンハン
中国東北地方の西北辺り。外蒙古との国境に近いハルハ河畔の地。

モンペ
農山村などで野良着として着た一種のズボン。

防空頭巾《ずきん》とモンペ姿

○この年から大崎島の海軍飛行場※の建設始まる。
○ヤミ取引横行。金属に代わる木の玩具など出回る。
○青年学校が義務制になり、十九歳までの男子に兵役のための準備訓練が施されるようになった。教練指導者として在郷の優秀な軍人が当たった。

昭和十五年（一九四〇）

三月十日　**豊橋において臨時防空演習を実施。**
三月　**満州建国大学学生八一名、軍事訓練のため豊橋陸軍教導学校に来校。**
四月　**「愛馬の日」豊橋陸軍教導学校で、軍馬慰霊祭が行われる。**
六月　砂糖・マッチなど切符制。
七月二十二日　第二次近衛内閣成立。（各政党相次ぎ解党）
九月　隣組制度※発足。
九月二十三日　日本軍北部インドシナ（フランス領）に進駐。

大崎島の海軍飛行場
昭和十三年から大崎島・大津島に飛行場が造成され、同十八年開隊。昭和十九年、陸攻大型機搭乗員の訓練を目的とした二代目豊橋海軍航空隊誕生。基地には常時三千余名の隊員がいた。

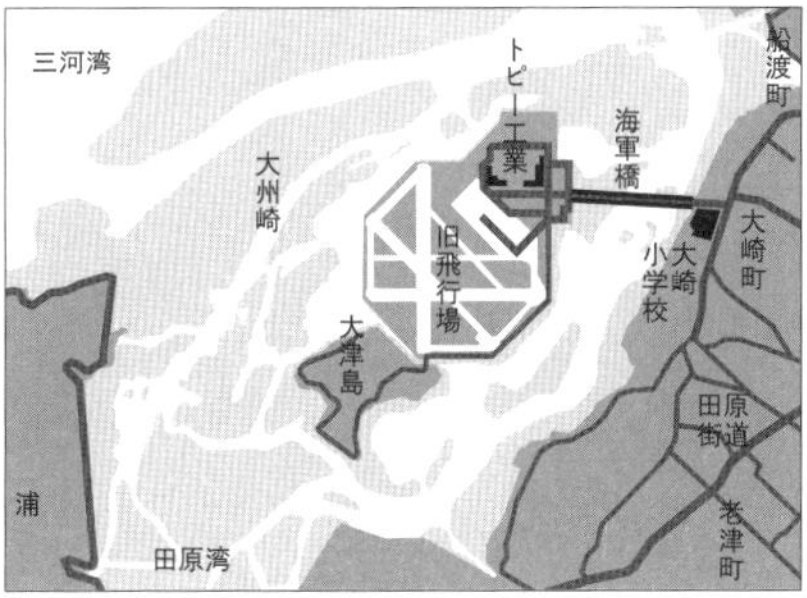

大崎島海軍飛行場

九月二十七日　日独伊三国同盟締結。
十月　大政翼賛会※発足。
十月四～五日　**豊橋において大規模な第三次防空演習が実施され、この時救護所が市内十ヶ所の小学校に設けられた。**
十一月　紀元二六〇〇年祭の式典挙行。祝賀行列を行う。
十一月　国民服※が制定される。
十一月十二日　**西口町の豊橋陸軍教導学校の新校舎竣工。**
十一月　大日本産業報国会設立
○チャップリンの「独裁者」上映される。
○小麦粉、米穀、砂糖配給統制規則公布。（飲食店、米使用禁止）
○ダンスホール閉鎖。
○「大政翼賛会」「八紘一宇《はっこういちう》※」「ぜいたくは敵だ」が戦意高揚のスローガンになる。
○出征兵士の見送り、慰問袋の作成、武運長久祈願などが日常のこととなった。

隣組制度
七～八軒ずつの集まり。国民を総動員して戦争に当たらせる組織で、末端組織まで行政組織に組み込んで戦争に利用し始めた。食料その他の生活必需品の配給や回覧板の世話をした。

大政翼賛会
新体制運動を推進するために組織された国民統制組織。

国民服
国民が常用する服として制定された。軍服に似た服装。

八紘一宇
全世界を一つにするという日本古来の考え方で侵略的イデオロギーとして利用された。

昭和十六年（一九四一）

一月　「戦陣訓」を全軍に通達。「生きて虜囚《りょしゅう》の辱めを受けず…皇国の守護の大任を完遂《かんすい》せよ」これより後、降伏・捕虜になることは許さないとした。このため、兵士の無益な犠牲者が増大した。

三月　**市内の小売業者、統制によってほとんどが営業困難におちいる。（豊橋市産業奉仕委員会の調査）**

四月一日　全小学校が国民学校となる。義務教育が八年に延長された。「読み方」は国語となり、戦争関係教材が非常に多くなった。

歩兵第一一八聯隊（中部六二部隊）吉田城址において編成。後サイパンに向かう途中、アメリカ潜水艦の魚雷攻撃によって沈没。残兵はサイパン島で全滅。※

四月　**満蒙《まんもう》開拓青少年義勇軍※、第四次愛知中隊二四六名満州へ。**

全滅
公式的なものではないが、日本陸軍は、戦死・重傷者が六割以上になれば、その隊は全滅と考えていた。

満蒙開拓青少年義勇軍
第四次　愛知中隊
中隊長　中島末松
豊橋市花田三番町二
当時・福岡小学校教員

満蒙開拓青少年義勇軍第四次愛知中隊

四月　六大都市で米が配給制に。大人一日二合三勺。
この年のうちに全国に施行される。
四月十三日　日ソ中立条約締結。
七月　浜松高射砲第一聯隊、名古屋防空隊の中核となる。
七月　**全国の高射砲聯隊、豊橋の高師原演習場に集結。連合演習実施。**
七月七日　関東軍、特殊大演習を計画。陸軍は対ソ連戦準備のため関東軍七十万ソ満国境に集結。
七月十八日　第三次近衛内閣成立。
七月二十四日　米英蘭（オランダ）、対日資産凍結。
七月二十八日　日本軍の第二五軍、南部仏印※に進駐。
八月一日　アメリカ、対日石油禁輸。
八月　各地の国防婦人会、梅干を献納。
十月十五日　兵役法の改定、第二国民兵役および丙種を召集。
十月十八日　東条英機内閣成立、
十月　**豊橋市南部地区で大竜巻発生、死者一三名。**

満州東北部 嫩江《のんじゃん》付近に入植。
昭和二十年、志願したり、根こそぎ動員で、多くが現地召集される。
前芝校区での応募者
前田一志（大正十二年生まれ）
横里　清（昭和二年生まれ）
両氏ともシベリア抑留された後、帰還。
『満蒙愛知中隊 青春の記録』中島堅司氏所蔵。

南部仏印
現在のカンボジア・ベトナム南部あたり。

十二月一日　御前会議※で対米英開戦を決定。
十二月八日　真珠湾奇襲攻撃。(太平洋戦争に突入)
○太平洋戦争突入と同時に新聞から天気予報※が消える。
十二月十日　イギリス戦艦二隻、日本海軍航空隊によって撃沈される。

週刊朝日が報じた「昭和の大事件」(八十五周年記念増刊号)に、現在代表的な昭和史研究家の保坂正康氏が当時の状況を非常に分かりやすく書いているので一部転載する。

昭和十六年(一九四一)十二月八日午前七時のラジオ放送は、臨時ニュースという形で「大本営陸海軍発表」を国民に伝えた。その内容は、「大本営陸海軍部十二月八日午前六時発表、帝国陸海軍は今八日未明、西太平洋において米英軍と戦闘状態に入れり」というものだった。いわゆる太平洋戦争の開始である。

御前会議　天皇の御前で政治の大綱(重要なこと)を決める会議。
天気予報　天気予報は重要な軍事機密情報であった。

この戦争は三年九ヶ月近く続くわけだが、―略―国民はこの日に、日本海軍がハワイの真珠湾に奇襲攻撃をかけ、対アメリカ(イギリス・オランダ)戦争が始まるとはまったく知らなかった。アメリカとの関係が険悪になっていることは双方の政府の政策を見れば分かることであったが、当時は言論の自由が保障されていない時代であったから、戦争の危機が足元にあるとは思いもよらなかったのだ。ただ中国へ日本軍が武力進出しても対中戦争が泥沼化していることは肌で感じ取っていた。それがいきなり対アメリカ(イギリス・オランダ)戦争だったのである。

このことに象徴されるように、日本の政治、軍事指導者は、太平洋戦争を自らの政策の失敗であるがゆえの戦争であることも認めず、そのために国民に事実を知らせようとする姿勢はまったく示さなかった。国民は、政府や大本営が伝える「大本営発表」や政府の発表を信じる以外になかったのである。しかもそうした大本営発表、政府が明かす政策の根拠も虚偽の内容が多く、国民は客観的な戦況を見つめる目を持つことができなかった。三年九ヶ月の戦争の当初こそ日本の奇襲攻撃や事前の計画通りに進んだが、昭和十七年六月のミッドウエー海戦、八月のガダルカナル戦などで戦力の違い※が明らかになった。昭和十八年初めからアメリカを中心とする連合国の反撃が始まり、日本はしだいに東南アジア各地で追いつめられることになる。この年五月のアッツ島での玉砕をきっかけに、戦況が悪化しても最後の一兵まで戦うという戦術が日本兵士には強制されていった。

昭和十九年七月のサイパン陥落《かんらく》によって日本軍は軍事ではまったく勝算のない戦いとなり、十月からのレイテ戦では特攻作戦などにより、戦争は「軍事」よりむしろ軍事指導者の責任逃れのために「日本的美学への陶酔《とうすい》（気持ちよく酔うこと）」や「神風を信じるような情念（心にわく感情）」が前面に出てくるようになる。昭和二十年六月の沖縄戦に見られたように、軍事指導者は本土決戦や一億総特攻を呼号《こごう》（呼びさけぶ）し、終戦工作を

日米の国力差（昭和十六年）
人口比　一・九倍
　アメリカ…一億三千万人
　日本…七千万人
国民総生産　十倍〜二十倍
石油生産量　七百倍
（Wikipediaより）

いっさい認めないほどの心理状態になった。—略—
　こうした三年九ヶ月の太平洋戦争の内実(実情)について、国民が正確な史実を知っていくのは敗戦後のことであった。

十二月十五日　**豊川海軍工廠、光学部を新設。**

十二月二十五日　**香港陥落。この作戦に豊橋編成の歩兵第二二九聯隊参加。**

昭和十七年(一九四二)

一月　日本軍マニラ占領。

一月　食塩が通帳配給制に。

二月　衣料品の点数切符制実施。

二月十五日　**シンガポール占領、豊橋市内の国民学校、中等学校生徒それを祝して、各神社や八町練兵場から陸軍病院高師分院まで市内を旗行列。小学生に記念**

母は昭和十八年初頭まで暮らした浜松での七年間の生活(駅の近くに住んでいた)はとても楽しかったとよく話した。
　浜松では、長男が生まれると大凧をあげて祝う風習があり、わたしも祝ってもらったし、立派な座敷幟《のぼり》の前で撮った写真もある。
　都会では、肌で戦争を感じていなかったのかもしれない。
　もちろん満州開拓へ生きる道を求めた、東北地方や長野などの農民は別である。

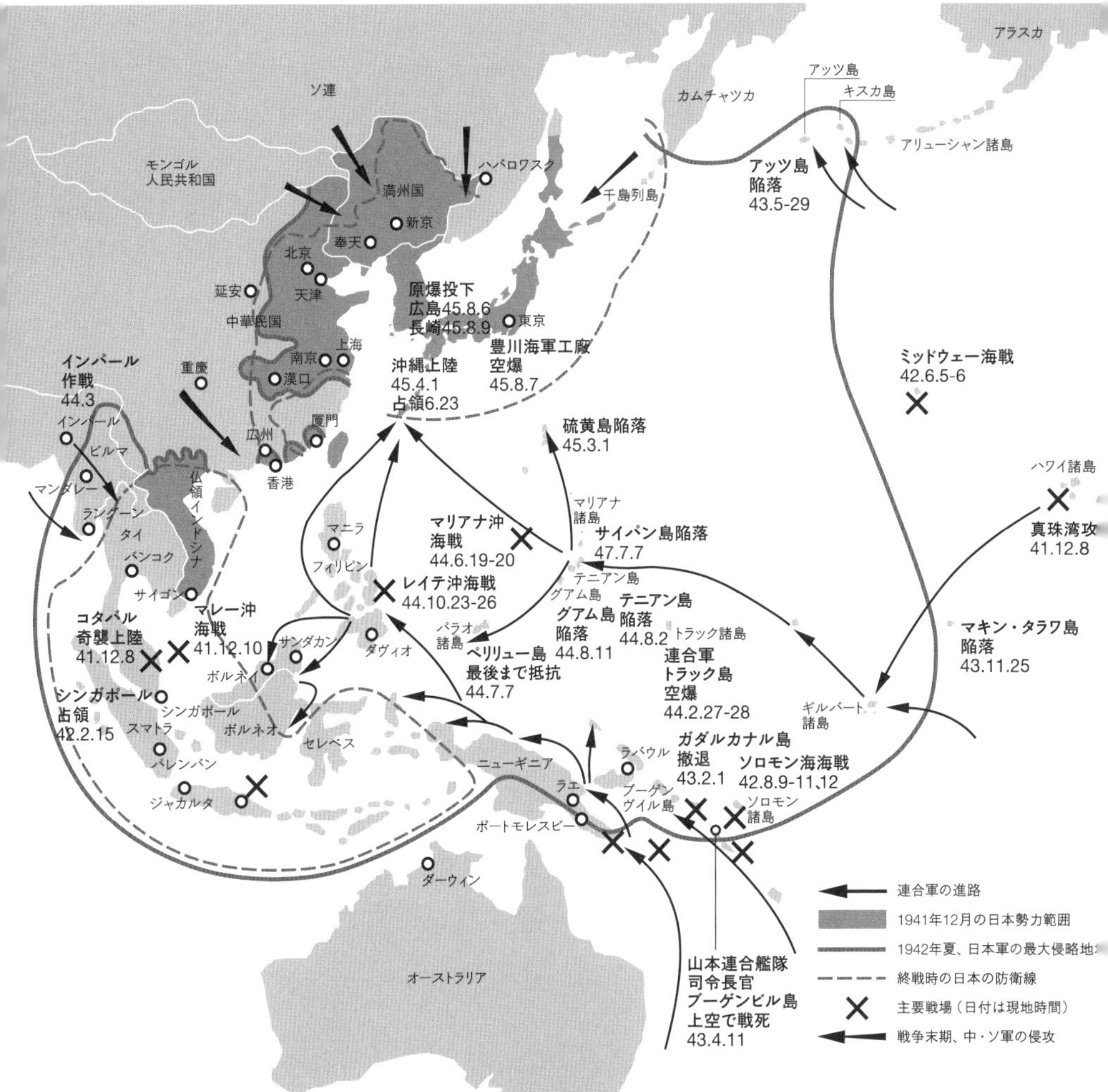

アラスカ
アッツ島
キスカ島
ソ連
カムチャツカ
アリューシャン諸島
モンゴル
人民共和国
ハバロワスク
満州国
アッツ島
陥落
43.5-29
千島列島
新京
奉天
北京
延安
天津
原爆投下
広島45.8.6
長崎45.8.9
東京
中華民国
南京
上海
豊川海軍工廠
空爆
45.8.7
ミッドウェー海戦
42.6.5-6
インパール
作戦
44.3
重慶
漢口
沖縄上陸
45.4.1
占領6.23
インパール
厦門
硫黄島陥落
45.3.1
広州
ビルマ
香港
ハワイ諸島
マンダレー
仏領インドシナ
マリアナ
諸島
ラングーン
タイ
マニラ
マリアナ沖
海戦
44.6.19-20
サイパン島陥落
47.7.7
真珠湾攻
41.12.8
バンコク
フィリピン
テニアン島
サイゴン
レイテ沖海戦
44.10.23-26
グアム島
マレー沖
海戦
41.12.10
コタバル
奇襲上陸
41.12.8
パラオ
諸島
テニアン島
陥落
44.8.2
グアム島
陥落
44.8.11
トラック諸島
マキン・タラワ島
陥落
43.11.25
サンダカン
ダヴィオ
ペリリュー島
最後まで抵抗
44.7.7
連合軍
トラック島
空爆
44.2.27-28
ボルネイ
シンガポール
占領
42.2.15
シンガポール
スマトラ
ボルネオ
セレベス
ギルバート
諸島
ガダルカナル島
撤退
43.2.1
ラバウル
ソロモン海海戦
42.8.9-11、12
パレンバン
ニューギニア
ラエ
ブーゲン
ヴィル島
ソロモン
諸島
ジャカルタ
ポートモレスビー
ダーウィン
オーストラリア
山本連合艦隊
司令長官
ブーゲンビル島
上空で戦死
43.4.11
連合軍の進路
1941年12月の日本勢力範囲
1942年夏、日本軍の最大侵略地
終戦時の日本の防衛線
主要戦場（日付は現地時間）
戦争末期、中・ソ軍の侵攻

連合軍の進路

のゴムマリの特別配給があった。

四月十八日　アメリカ陸軍航空隊ドウリットル隊のB25一六機、日本本土に初めて侵入、東京・名古屋・大阪・神戸を初空襲。
この時、前芝から見える三河湾上空をB25二機通過。豊橋方面初めて警戒警報発令。

五月　珊瑚《さんご》海海戦※。

五月　金属の強制回収始まる。

六月　働き手が戦場に取られ、主食の減産が目立ってきた。そこで、出征軍人の家庭へ学徒が農作業の応援に出動するようになった。
この年から、農繁休業を十日間とし、その間非農家の児童もやはり農家の応援にかり出された。修学旅行は、制限令によって日帰り旅行となった。
（磯辺教育百年史）

六月　ミッドウェー海戦、日本海軍機動部隊壊滅。（四隻

珊瑚海海戦
オーストラリア近海の珊瑚海と呼ばれている海域で、史上初の空母対空母の海空戦が行われた。この戦闘で日本海軍は最初の戦略的敗北を喫した。（ニューギニア、ポートモレスビー攻撃を断念、占領目的をあきらめた）

空母
航空母艦、多数の航空機を搭載し、それを発着させる甲板を持った大型軍艦。

大東亜
日本はこの戦いの目標は、欧米の列強からアジアを開放し、「大東亜共栄圏」を建設することであるとした。

台南空
台湾地区に新設された台南

の正式大型空母※沈没）

八月　ガダルカナル島争奪戦始まる。（次第に戦況不利となる）

九月一日　**悲運の歩兵第一八聯隊、第三師団隷下《れいか》を離れる。関東軍に転属。**

十一月十二日～十五日　第三次ソロモン海戦において日本海軍大敗。郷土部隊の第三八師団の輸送船団、大部分撃沈される。

十一月　大東亜※省設置。

十二月　**豊橋海軍航空基地、ソロモンで消耗した台南空※の再建基地となる。**

○金属回収令※によって、豊川大橋の金属製手すり撤去される。

○市中の郵便ポストも回収。江戸時代以降に作られた梵鐘もすべて回収される。

○食料管理法※公布。

○大日本青少年団結成。

○鉄鋼生産高、四二五万六千トンで戦前最高、以後急減。

航空隊。

金属回収令
日色野の火《ひ》の見櫓《みやぐら》も回収された。そのため、警防団は、村所有の御油の山から四本の木を伐りだして、木製の火の見櫓を建てた。

回収された火の見櫓の跡

現在の鉄骨の火の見櫓は戦後建てられたもの。

食料管理法
米・麦の供出配給制強化・農家の生産高から農家保有米を差

昭和十八年（一九四三）

一月二十三日　愛知県下初の、軍官民連合特別総合防空訓練実施。

一月三十一日　スターリングラードのドイツ第六軍降伏。※ドイツの敗北決定的になる。

一月　カサブランカ会談。※

二月　**豊橋市内各婦人会、ニッケル貨※回収。**

二月一日　日本軍ガダルカナル島より撤退開始。五ヶ月間のガダルカナル島戦で、陸軍二個師団、半壊滅。海軍も戦艦を含む軍艦二四隻が撃沈され、また輸送船一三〇隻を失う。飛行機九三機が撃墜され、搭乗員二、三六二名が戦死。

二月二十三日　「撃ちてし止まむ（撃って滅ぼしてやる）」のポスター五万枚を配布。

三月　野球用語の日本語化決定、セーフは「よし」アウトは「ひけ」など。

三月十日　**愛知県中等学校必勝祈願、武装リレー大会開催。**

し引き、残りを供出する制度。

ドイツ第六軍降伏
元帥一名、将官一六名が捕虜、三三万名潰滅。

カサブランカ会談
モロッコの首都カサブランカで行われた。米英は日独伊に対して、無条件降伏を要求。この要求に日本は戦争を継続せざるをえない状況になっていく。第二次世界大戦史上その意義は極めて大きい。

ニッケル貨
貴重な金属であったニッケルを国内に備蓄する目的で、戦前、硬貨をニッケル製に替えていた。

豊橋海軍航空隊
三千名、任務は陸上攻撃機搭

三月　各地の国民学校で、西洋人形焼却処分。

四月一日　**豊橋海軍航空基地完成、豊橋海軍航空隊※開隊。**

四月十八日　連合艦隊司令長官山本五十六、飛行機で視察に出て米空軍機の攻撃を受け、ブーゲンビル島のジャングルに墜落戦死。

四月二十八日　東京六大学野球連盟、解散。

四月二十九日　アッツ島、万歳突撃して日本軍守備隊全滅。大本営※、初めて「玉砕《ぎょくさい》※」という言葉を使う。

五月　**豊橋向山工兵隊において、第二六師団※隷下の工兵第二六聯隊編成。翌年レイテ島で全滅。**

五月　木炭・薪配給制に。

六月二十九日　**海軍甲種飛行予科練習生（予科練）募集割り当て五一人が豊橋商業に来る。各学校の応募者、豊橋中・六〇人、豊橋二中・六一人、成章・五一人、新城農蚕・三二人。**

六月　**豊橋市民飛行機、献納募金開始。**

乗員の練成。

大本営
戦時または事変において設置された、天皇直属の統帥部。昭和十九年七月、最高戦争指導会議と改称。

玉砕
名誉と忠義を重んじて捕虜にはならず、戦死を覚悟して全員一丸となって敵に当たって死ぬこと。（玉のように美しく砕けることから玉砕といわれた）

第二六師団
通称、泉。愛知・岐阜・静岡の将兵で編成された精鋭部隊。約一一、六五〇名の内、生還したのは三五名という潰滅の師団。

六月　学徒戦時動員体制確立要綱、閣議決定により中等学校三年生以上動員。

六月一日　**昭和十八年四月一日、豊橋海軍航空隊（三千名）が開隊されるとともに、東田遊郭の一部を移転命令によって小池町（有楽町）に移す。**

七月　東部ニューギニアに展開していた陸軍の第四航空軍、アメリカ機の奇襲によって百機以上を撃破される。その後、陸軍航空隊も損害を重ねて潰滅《かいめつ》。

七月六日　**名古屋城址において第四三師団編成、豊橋歩兵第一一八聯隊など、その隷下に入る。（翌年サイパン島および同海域で全滅）**

七月二十一日　国民徴用令改定公布。約七十万人が軍需工場に徴用される。

八月一日　**豊橋陸軍予備士官学校を豊橋陸軍第一予備士官学校に、西口町の豊橋陸軍教導学校を豊橋陸軍第二予備士官学校と改称。**

猛獣の毒殺
児童文学作家、土田由岐雄氏は、その実話に基づいて『かわいそうなぞう』を著作。

零式艦上戦闘機（ゼロ戦）

零戦（ゼロ戦）
零式艦上戦闘機。零戦は九六式艦上戦闘機（九六式）の後継機として昭和十五年七月に正式採用。この年初代の神武天皇から二六〇〇年（皇紀

八月　**歩兵第一一八聯隊、静岡に転営。**

八月二日　**豊橋陸軍教導学校閉校。**

九月　東京上野動物園の猛獣、毒殺される。※

九月　**豊川海軍工廠、指揮兵器部を新たに開設。**

九月八日　イタリア、連合国に正式降伏。

九月中旬　ブーゲンビル島沖航空戦で、日本海軍航空隊が大打撃を受ける。出撃機一七八機のうち一二一機が撃墜される。このころ、海軍零戦《ぜろせん》※の優位が崩れ、米空軍のロッキードP38・P40迎撃戦闘機・グラマンF6Fヘルキャット艦上攻撃機などの優秀な戦闘機が出現し始めた。

十月二十一日　東京・明治神宮外苑競技場で出陣学徒壮行会。雨中の分列行進悲壮感漂う。岡崎ゆき子、学徒を壮行。

十月二十七日　**狭間《はざま》国民学校※で豊橋地区の海軍甲種飛行予科練習生(予科練)の出陣壮行会を挙行。**

十一月　**大恩寺山(愛知御津)に海軍高角砲陣地※完成。(豊**

二六〇〇年)で紀元年の末尾の〇をとって零式艦上戦闘機と命名された。

　当時は世界最高水準で日中戦争から太平洋戦争緒戦に活躍。末期には特攻機として使用された。後期の五二丙型の最高速度五六〇、九キロ。総生産量一〇、四〇〇機。

狭間国民学校
明治四十二年、豊橋市花田町狭間に開校。大林淑子さんも在学した。現在は松山小学校校区。

高角砲陣地
大恩寺山とともに、権現山(豊橋市石巻町)にも砲台建設が行われていたが、完成せず敗戦。

川海軍工廠防空砲台)

十二月十日　文部省、学童の縁故疎開の促進を発表。

十二月三十日　焼夷弾攻撃などを想定した、防火対策として、民家を強制移動して道路を広げた。**豊橋では、駅前から船町線道路を守下町まで、などであった。**

○この頃のポスターの標語「欲しがりません、勝つまでは」。

○都会で買出し(ヤミ物資)の一斉取締り強化。

○競馬・学校体育会等禁止。

昭和十九年(一九四四)

一月二十六日　名古屋市に初の疎開命令。

二月十日　連合艦隊「日本の真珠湾」といわれたトラック島から、本土やパラオ諸島に向かって総退却、海軍全体の士気低下。

二月十七・十八日　米空軍、トラック島を大空襲。撃墜された日本機約二七〇機。撃沈された艦四三隻。

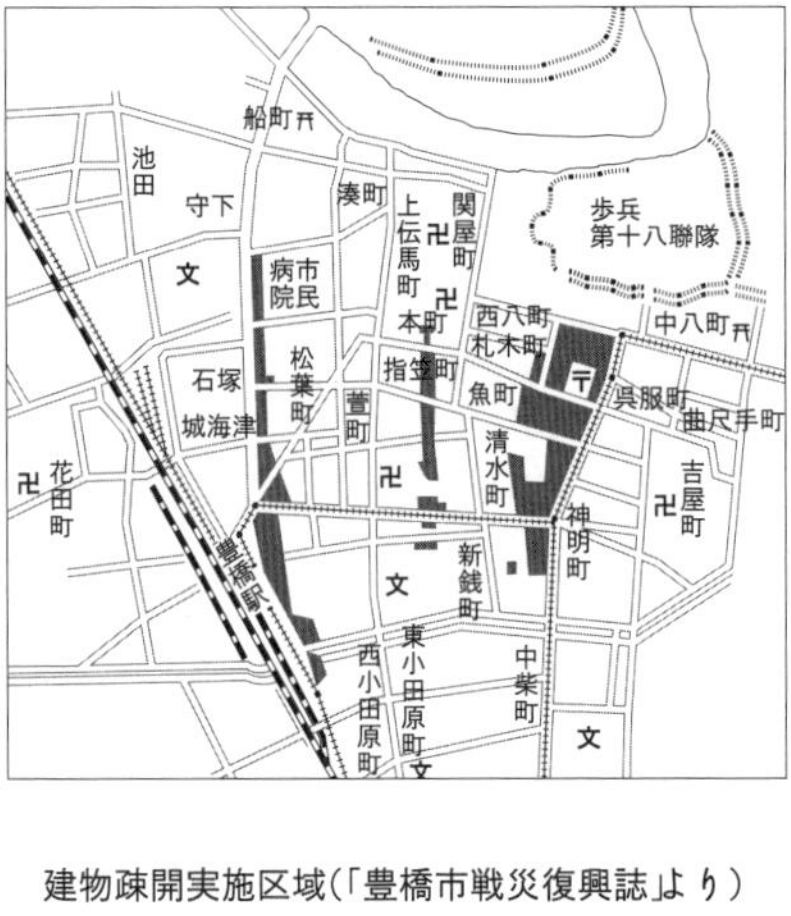

建物疎開実施区域(「豊橋市戦災復興誌」より)

二月二十日　**豊橋海軍航空隊、七〇一海軍航空隊に改編され、練習航空隊から実戦部隊になる。**

二月二十九日　**歩兵第一八聯隊の乗船「崎戸丸」（九、二四五トン）アメリカ潜水艦の魚雷攻撃を受け、聯隊長以下多数海没。同聯隊は事実上壊滅。**

三月　ビルマ・インド国境で悲劇のインパール作戦開始。後、作戦失敗。第三一師団長、佐藤幸徳中将抗命※撤退。約一万人の将兵を救う。三個師団全滅。戦死三〇、五〇二人、戦傷病四一、九七八人。

○全国新聞の夕刊廃止に。

六月六日　連合軍、フランスのノルマンディー半島に上陸開始。

六月十五日　アメリカ軍サイパン島に上陸。

六月十六日　B29（超空の要塞）・B24十七機、北九州を空襲。（この敵機は中国大陸を発進した）

六月十九日　サイパン島近海のマリアナ沖海戦※で、再建され第一機動部隊と命名されての初出動であったが、戦

佐藤中将の抗命（命令に逆らうこと）

インド、コヒマにおいて、弾薬・食料の補給を受けることができず、第一五軍に早急の補給を要請し続けた。しかし補給が届くことはなかった。佐藤中将は死刑を覚悟して、独断で撤退した。

大問題であったが、上級司令官たちは自身にも罪が及ぶことを恐れ、軍事法廷には立たせなかった。待命（待機）とし、結局戦線に復帰させた。

マリアナ諸島全滅

マリアナ諸島（サイパン島・テニアン島・グアム島）が全滅することにより、日本本土はアメリカ軍の制空権（領土、国家の権益を守るため、一定範囲の空中を支配する）内となった。この年十一月、三島

闘はあっけなく終わった。惨敗をきっし日本海軍機動部隊は潰滅した。アメリカ海軍の兵器、情報処理、戦闘システム、兵力など何もかも日本を上回っていた。日本軍三九五機を失い、空母三隻沈没。空母四隻大破。日本海軍機動部隊壊滅。

七月～八月　日本軍にとって最も重要な最終防衛ラインの要であるマリアナ諸島の日本軍守備隊九万余人がほぼ全滅。日本の絶対国防圏の一角崩れる。戦死約五万八千人。

七月九日　**第七三師団（怒《いかり》）が名古屋で編成（同師団は本土決戦の三遠地区の主力となる）**

七月十日　**豊橋海軍航空隊の五三四航空隊解体、二代目豊橋海軍航空隊※が開隊。**

七月十八日　東条英機内閣総辞職。

七月二十二日　小磯国昭内閣成立。

七月二十七日　グアム島守備隊全滅。

から発進するB29により本土爆撃が始まる。

前芝校区では、マリアナ諸島における戦死十名。その内、五名がサイパン島で戦死。最後の総攻撃（玉砕）の七月七日までに戦死した可能性が高い。しかし、『平和の礎』（豊橋市遺族会編）の戦没日は全員七月十八日となっている。

二代目豊橋海軍航空隊
陸上攻撃機の搭乗員の練成部隊。

対馬丸事件
沖縄から本土に疎開する学

八月	学童疎開実施。
八月二十二日	対馬《つしま》丸事件※。
八月	内務省訓令により、各神社において必勝祈願が毎日継続して行われるようになった。
十月	徴兵年令を十九歳に引き下げる。
十月	**豊橋海軍航空隊、台湾沖航空戦※に出動、壊滅的打撃をうける。**
十月十日	**豊橋陸軍予備士官学校に特別甲種幹部候補生（特甲幹）第一期生入校。**
十月十二日～十五日	台湾沖航空戦※、日本の陸海軍機約一五〇機撃墜される。大本営は空母一一隻撃沈、八隻撃破と発表。
十月二十日	アメリカ軍、フィリピンのレイテ島に上陸。守備隊の第一六師団、一週間で潰滅。
十月二十三日～二十六日	フィリピン「レイテ沖海戦」で日本帝国海軍の誇る戦艦「武蔵」をはじめ、戦艦三隻、空母四隻など、計三〇隻失う。

童一、七八八人を乗せた学童疎開船「対馬丸」（六、七五四トン）が、鹿児島県沖でアメリカ艦船の魚雷攻撃を受けて沈没した。一、四八五名が犠牲となった。

対馬丸　写真提供：日本郵船歴史博物館

台湾沖航空戦
実際は巡洋艦二隻が大破しただけであった。

十月二十四日　「神風《しんぷう》特別攻撃隊」が初めて編成され出撃。

十一月一日　B29（超空の要塞）単機、東京上空に初侵入。

十一月二日　浜松陸軍航空隊（陸軍九七式重爆撃機、九機）サイパンのアメリカ軍飛行場を奇襲爆撃。（未帰還機五機）サイパン出撃は十二月二十六日までに八回実施。

十一月　タバコが配給制に、一日六本。

十一月　**豊川海軍工廠、豊川市千両、篠田、麻生田などに、工場疎開開始。**

十一月～　マリアナ基地のアメリカ空軍B29、日本本土空襲を開始。

十一月二十三日　**豊川海軍工廠空撮。豊橋に初めての空襲警報発令。**

十一月二十九日　**大型空母「信濃」遠州灘においてアメリカ潜水艦の魚雷攻撃を受け沈没。**

十二月七日　**東南海地震。※（午後一時三十六分）東海地区の軍需工場被害甚大。軍部、機密事項として被害状況発**

東南海地震

震源地、熊野灘沖。マグネチュード七・九～八・二。震度六。津波八～一〇メートル。

前芝村は津波なし。死者、行方不明一、二二三名。

牧平（石垣）豪氏の手記

昭和四年生まれ、豊橋市野田町在住。牧平剛氏（六三頁）の弟、牧平哲氏（一三二頁座談会）の兄。

十九年九月十五日、名古屋の工業高校から親に黙って志願。滋賀海軍航空隊入隊。二十年三月十五日、海軍飛行兵長。

終戦となり焼却処分しなくてはならない軍隊手帳を隠して持ち出す。豪氏は戦後、軍隊手帳に次のように記した。

「本来四年間で修得する学業も昭和十九年に入ると戦

表せず。

宝飯郡前芝村、元製糸業「山三」工場の煙突倒壊。半田の中島飛行機工場動員中の、豊橋市立高等女学校の生徒二三名が崩れた建物の下敷きになって圧死。

十二月十三日　B29九〇機、三菱重工業名古屋発動機製作所を空襲。名古屋への本格的空襲開始。（日本機四機撃墜、米軍の損失二機）

十二月十八日　B29八九機、三菱重工業名古屋航空機製作所空襲。（日本機六機撃墜、米軍の損失四機）

○防空壕を各戸に強制的に作らせる。
○児童生徒、窓ガラスの紙はり作業を十日間行う。（磯辺教育百年史）
○竹やり訓練実施。
○流行語「鬼畜米英」「一億一心火の玉だ」など。戦況に対する流言、蔓延《まんえん》。
○十九年二十年、六条潟の海苔養殖を初めとした漁業、収穫しても

況は最悪となり、先輩は練習機に二五〇キロ爆弾をしばり付けて沖縄の敵艦に体当たりする猛訓練に入り多くの犠牲を出した。

　このような時局に平時は四年間で修行する訓練を二年間で修得することになり、教官は鬼となって練習生を鍛え上げた。そのために自殺者や精神異常者が出た。

　当班でも山形出身のＩは気が狂い、両親に連れられ退隊して行った。」

牧平豪氏16歳春

売れず、休業状態であった。※

○当時の児童は、爆撃に備えて学校ではもちろん、常時防空頭巾を持っていた。着物や服の胸には、住所・氏名・血液型などを記した名札が縫い付けてあった。

○十九年十二月十三日〜七月二十四日まで、名古屋は二十四回B29の爆撃を受け壊滅した。**前芝でもそのたびに、警戒警報、空襲警報が発令された。**

昭和二十年（一九四五）

一月三日　B29九七機、名古屋市の港湾地帯と市街地を空襲。（米軍の損失五機）

一月九日　**B29豊橋市東田町西脇、牛川町南台に投弾。三三世帯被災。**

一月九日　米軍、フィリピン・ルソン島のリンガエン湾に上陸。

一月十三日　**三河地震**※**、（午前三時三十八分）死者約二千人、全壊家屋約五千戸。**

海苔栽培の休業

徴兵年齢に達せず、軍事工場へ動員されない農家の長男たちは十六歳くらいから日雇い仕事に出た。海軍工廠や、小坂井町の住友工場建設などの土方や牛車で運送仕事をした。一日土方は四円、牛車での運送は六円でかなりの収入になった。農業は父母がやっていた。

三河地震

蒲郡市形原町と田原町（現田原市）の真ん中あたり、三河湾を震源地とした直下型地震。形原から西尾にかけて断層ができた。マグニチュード七・一。震度六〜七。死傷者四、三七二名。形原から、西浦、西尾などで大きな被害を出した。

一月十四日　B29七三機、三菱重工業名古屋航空機製作所を空襲。（米軍の損失五機）

一月二十三日　B29七五機、三菱重工業名古屋発動機製作所を空襲。

一月二十四日　**アメリカ軍艦載機の編隊、初めて豊川海軍工廠に来襲、低空で機銃掃射。**

二月十四日　「モウ一度戦果ヲアゲテカラデナイト中々話ハ難シイト思フ」

「国体護持」※のために和平交渉を勧めた近衛文麿に対する天皇の発言。（木戸幸一関係文書）

二月十五日　**B29豊橋市向山伝馬に投弾。**

二月十五日　B29一一七機、三菱重工業名古屋発動機製作所を空襲（米軍の損失一機）

二月十六日　**グラマン、カーチスなど小型軍用機で、大崎、高豊村、前芝村、杉山村、田原町を機銃掃射して高豊村農業会の倉庫を焼いた。※死者も出た。**

国体
天皇が日本の国を統治するという国のあり方。

二月十六日の機銃掃射
豊橋空襲を語りつぐ会が出版した『豊橋空襲体験記』のなかに中尾勝巳氏の「米軍による豊橋空襲の記録」によると「二月十六日、前芝村にも機銃掃射があった」と記されている。

二月十七日　**アメリカ軍艦載機、初めて豊橋海軍航空基地を空襲。（この頃からアメリカ軍機動部隊、しきりに日本近海を遊弋《ゆうよく》※）**

二月十九日　米軍硫黄島上陸。

三月　**豊川海軍工廠の病院の一部、国府高等女学校（現国府高等学校）に移る。**

三月　決戦教育措置要綱が公布。このきまりによって、四月から原則として国民学校初等科児童を除き、一年間授業を停止することに定まった。高等科以上の学徒は全員、軍需工場などへ動員された。（磯辺教育百年史）

三月十日　東京大空襲、死者約十万人。（最後の陸軍記念日）アメリカ政府は、爆弾による高高度※爆撃は効果が薄いとして、一月、空軍トップのハンセル准将を更迭し、カーティス・ルメイ少将を起用。ルメイの考案したB29による夜間低空（一、八〇〇メー

遊弋
艦船が敵にそなえ、海上をあちこち動き回ること。

高高度
五、〇〇〇から七、〇〇〇メートル以上の高度。

トル以下）からの木造家屋を焼き尽くす焼夷弾攻撃とし、日本国民の戦意喪失をねらった。

三月十八日　B29三一〇機、名古屋市街地を空襲。

三月十九日　B29三一〇機、名古屋市街地を空襲。

三月二十四日　B29二四九機、名古屋三菱重工名古屋発動機製作所、名古屋陸軍造兵廠千種製作所他を空襲。

三月二十五日　**少数機、豊橋市向山町、牛川町に投弾。**

三月二十七日　硫黄島の日本軍守備隊全滅。一九、九〇〇人戦死。

三月二十九日　陸軍召集規則改定で、満十七歳十八歳の男子全員防衛召集の対象となる。

三月三十日　B29一四機、名古屋三菱重工業名古屋発動機製作所を空襲。

四月　名古屋防空隊は、高射砲第二師団に改組、独立高射砲大隊二個、独立照空大隊二個を編入。対空火砲約一二〇門。

四月一日　アメリカ軍、沖縄本島に上陸。

四月五日　ソ連外相が日ソ中立条約不延長を通告しているなか、首脳部は国体を守るために苦慮。

四月七日　B29一九四機、三菱重工業名古屋発動機製作所を空襲。

四月十四日　**B29少数機、豊橋市小池町、柳生町に投弾。**

四月二十七日　**名鉄豊川線開業。※当初は市電タイプだった。**

四月三十日　**B29少数機、豊橋陸軍第一予備士官学校に投弾。一個分隊全滅。**

五月　B29五〇機、浜松の日本楽器を空襲。

五月　沖縄戦の特攻機、※四月六日から六月二十二日までの出撃機数、海軍八六〇、陸軍六〇五、計一四六五機。特攻機の命中率は一～三パーセント。

五月五日　**豊橋市、家屋の強制疎開に着手。**

五月七日　ドイツ無条件降伏。

五月十四日　B29五二機、名古屋市北部の市街地を空襲、名古屋城焼失。（米軍の損失一一機）

名鉄豊川線開業
国府駅から現諏訪《すわ》駅まで。

沖縄戦の特攻機戦果
（四月六日～六月二十二日）
撃沈
　駆逐艦九
　その他四
撃破
　戦艦九
　空母一〇
　巡洋艦四
　駆逐艦五八
　その他九三

五月十六日　Ｂ29五一六機、名古屋市南部の市街地を空襲（米軍の損失三機）

五月十七日　名古屋熱田神宮、再度の空襲により大きな被害を受ける。

五月十九日　**豊橋市花田町、中郷、小池町に投弾。豊橋に対する空襲は、名古屋空襲帰途のＢ29が残弾を投下したものである。**

五月十九日　**豊川海軍工廠初めて爆撃される。指揮兵器部に命中弾、三十余人死亡。**

五月二十二日　戦時教育令。日本教育法規の全面停止。「食糧増産、軍事生産、防空防衛…挺身させる」とし「正規の学業を受けずとも、正規の期間在学せずとも、正規の試験を受けずとも卒業させる」とした。（磯辺教育百年史）

五月二十四日　浜松陸軍重爆撃機部隊の特攻隊、沖縄に出撃。

六月　名古屋防空隊に第三次弾薬使用規制が厳命。

六月　山下第一四方面軍司令官、ルソン島自活自戦・永久抗戦命令。フィリピン戦において、日本軍五一万八千人戦死。そのうち「七〜八割がマラリヤなどの病気と栄養失調」という参謀本部の高級参謀の証言があり、戦死より病餓死が多かった。

六月　**海軍本土決戦に備え、豊橋朝倉川河口左岸に特攻艇基地※を開設。**

六月　**第五四軍、司令部を新城町（新城市）に。第二四海上輸送大隊が三河三谷に配備される。**

六月　**独立戦車第八旅団司令部（静岡県三ケ日町）戦車第二四聯隊、戦車四〇両を豊橋方面に配備。**

六月九日　B29四四機、愛知航空機熱田工場を空襲。

六月十八日　B29一三七機、浜松市を空襲。

六月十九日　B29一三七機、静岡市を空襲。

六月十九日　**B29一四四機、豊橋市街地を空襲。市街地の大部**

特攻艇基地
「震洋《しんよう》」一人乗り水上特攻艇を配備。

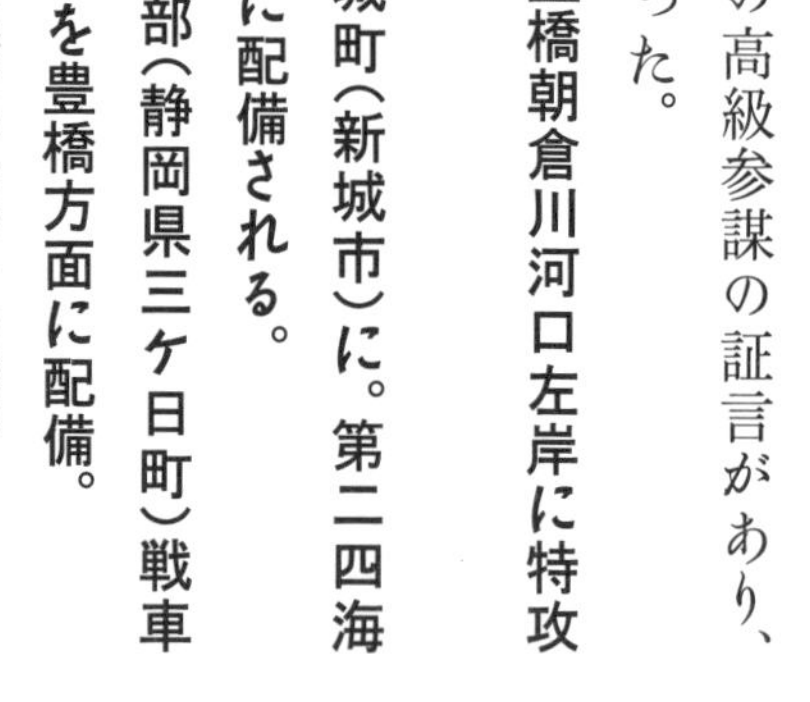

豊橋劇場

澤村茂美次一座
宝飯郡前芝村日色野の歌舞伎一座。

分を焼失（午後十一時三十五分頃から照明弾投下）死者六二四人。全焼家屋一六、八八六戸（全戸数の七〇％）

六月二十日　この日、「澤村茂美次一座※」は、豊橋劇場で公演。空襲のうわさに逃げ帰る。かなりの客が入っていた。

空襲後伝染病（赤痢）が発生し、一四五九名が発病。死亡者が三六七名。市民病院だけでは収容しきれず、新川国民学校も病院として使用。それにより、新川国民学校の高橋校長も赤痢に感染し死亡した。

豊橋地区国民義勇隊結成式中止。（会場は関屋町、吉田神社および吉田会館）

六月二十二日　国民義勇兵役法成立。翌二十三日には公布、即日施行となった。これは本土決戦に備え、国民の大部分を規定の兵役法とはべつに兵役に服させるものであった。義勇兵役法において、男子は年齢十五歳から六十歳に達する者、女子は十七歳から

左・澤村茂美次一座（福岡の劇場にて）、右・澤村茂美次、その日「良弁杉」を演じていた

四十歳に達する者が兵役に服するものとした。また、それ以外に義勇兵役に服することを志願する者には、勅令に定めるところにより義勇兵に採用するものとされ、まさに国民皆兵となった。

六月二十三日　沖縄の日本軍守備隊全滅。(戦死者九万、一般国民一〇万)

六月二十二日　初めて御前会議で終戦問題が正式に取り上げられる。

六月二十六日　B29六七機、愛知航空機永徳工場を空襲。

六月二十六日　B29三三機、住友金属名古屋軽合金製作所を空襲。(米軍の損失機なし)

六月二十六日　B29三二機、名古屋陸軍造兵廠熱田製作所と日本車両を空襲。(米軍の損失機なし)

六月二十六日　B29三五機、名古屋陸軍造兵廠千種製作所を空襲。(米軍の損失機なし)

六月　浜松市において、隣組単位の主婦竹槍隊が編成。

七月　主食の配給量一割削減。

七月　この頃までに本土決戦部隊が各地に配備された。しかしその多くは老兵、未教育若年兵が中心であった。しかも食料も自給体制であり、その上装備は極めて貧弱であった。（銃剣充足率三〇％、小銃約四〇％、機関銃および迫撃砲四〇％）
三河地方においては米軍の遠州灘上陸に備え、第七三師団「怒《いかり》部隊」（本部豊川）などを配備。前芝国民学校にも「怒部隊」三百名が終戦まで一ヶ月間駐屯した。※

七月　**豊橋海軍航空隊は、この頃第一〇航空艦隊に属していたが、航空戦力はほとんどなし。**

七月十三日　ソ連に終戦の斡旋を申し入れ十八日に拒否される。

七月十五日　アメリカ第五航空軍情報主任ハリー・カニンガム大佐、国民義勇戦闘隊編成により、「日本の全人口が第一義的軍事目標になった…今や日本には非

前芝国民学校駐屯部隊

終戦の直前本土決戦に備えて、第一三方面軍と海軍部隊の配備を見ると、三河三谷（第一四輸送大隊）に集積された軍需品を豊橋方面の陣地に輸送する任務として輜《し》重《ちょう》兵第七三聯隊（武器・弾薬・食料などの軍需品の輸送に当たった兵種）の一部が駐屯したという説もある。

前芝村誌には、「七月十三日から終戦まで三百名が駐屯した」とある。しかし、当時の在住者や六年生の証言と、村誌執筆者はほとんど戦地からの帰還者や学校教員であることから、三月くらいから駐屯していたと考えられる。

戦闘員は存在しない」と宣言。

七月二十日　佐藤尚武ソ連駐在大使は「制空権も制海権も失われ日本に勝つ見込みはない。国民をこれ以上悲惨な目にあわせてはいけない。国体さえ護持されるなら降伏すべきだ」と外務省に打電。

七月二十四日　B29八一機、三菱重工業名古屋製作所と中島飛行機半田製作所を空襲。（米軍の損失機なし）

七月二十四日　艦載機P38、P51ムスタング一、四五〇機東海地区および同地区の船舶を空襲。

七月二十四日　B29七四機、愛知航空機永徳工場を空襲。（米軍機損失機なし）

七月二十五日　艦載機九五〇機、東海地区の飛行場および船舶を空襲。

七月二十六日　米、英、中国をはじめとした連合国は日本に対し、無条件降伏を勧告するポツダム宣言を発表。こうした情勢のもとで最高戦争指導会議。六人※は、ポ

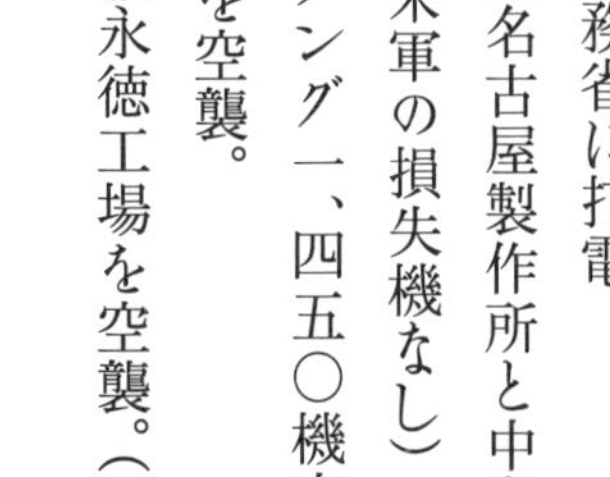

昭和二十年七月、奥三河に避難する頃の太田幸市氏（当時十三歳）。
父親から貰った鉄兜《てつかぶと》。飯盒の中身はジャガイモ。

最高戦争指導会議六人
鈴木貫太郎首相
阿南惟幾陸軍大臣
梅津美次郎参謀総長
米内光政海軍大臣
及川古志郎軍令部総長
東郷茂徳外務大臣

ツダム宣言を受託するか否か審議したが、誰も受託を言い出す者はなく対応に苦しんでいた。

七月二十九日　浜松市、米英連合艦隊二一隻より(旗艦はアメリカ戦艦サウスダコタ)艦砲射撃をうける。(同艦隊はレイテ湾から回航)遠州灘からの本土上陸作戦の演習的艦砲射撃とも言われる。この直後から遠州地区住民の山間地への避難が始まる。

八月六日　広島に原子爆弾投下。

八月七日　**「豊川海軍工廠」爆撃、二六七〇余名惨死。**

八月八日　ソ連、日ソ中立条約を無視して宣戦布告。※ 満州、朝鮮に侵入。満州開拓農民、二七万人のうち七万八千人死亡。(二八・八%)

八月九日　長崎に原子爆弾投下。※

八月十四日　御前会議でポツダム宣言受け入れを決定。直ちに連合国に通告。

ソ連宣戦布告
開拓団として満州に移住した人びとをはじめ、多くの民間日本人が悲惨な最期をとげた。生き残った人びとも引き上げにさいして、厳しい苦難を乗り越えて帰国した。結果、中国人に育てられた中国残留孤児、また、やむなく中国人と結婚した残留夫人を多く生むことになった。

長崎原子爆弾
当日、B29は福岡県第一目標の小倉上空へ到達するも、視界がやや悪く、(前日の焼夷弾爆撃後のくすぶりによる煙など諸説あり)第二目標の長崎に変更、十時三十分頃投下した。

八月十四日　**P51ムスタング一〇〇機、三重・愛知を空襲。渥美線豊島駅付近で走行中の電車、P51の機銃掃射を受け一五人死亡、一六人負傷した。**※

八月十五日　天皇、終戦のラジオ放送。日本国民は支配民族から一瞬にして敗戦国民に転落。

太平洋戦争におけるアメリカ軍の戦死者数。合計一〇八、五〇四人。

十五年戦争における日本軍戦死者数、二三〇万人。

同日、午後四時、第五航空艦隊司令長官、宇垣纒《うがきまとめ》中将は戦争終結を承知の上、指揮官中津留達雄《なかつるたつお》大尉に命令し、艦上爆撃機「彗星《すいせい》」一一機を率いて沖縄に向かって特攻出撃した。※

八月十六日　**豊川海軍工廠一般従業員解散。**

八月二十三日　灯火管制解除、焼け残った街に電灯が灯る。市民終戦を実感する。

八月下旬　**豊橋憲兵隊、終戦直後の豊橋の治安維持にあたる。**

機銃掃射事件

成章中学二年の生徒は、学校近くの開墾作業に携わっていた。当日、空襲警報発令で、学校の下校の決まりによって、学校近くの者は自宅、寮、それ以外の者は学校へ届けた寄留地（近くの親戚など）へ帰ることになっていた。

　しかし実際は寄留地組のほとんどが、電車に乗って自宅に帰っていた。

　電車は一両で、二機の戦闘機は（三機という説もある）小野田セメントをねらったのではないかという見方が有力であるが確かなことは分かっていない。

宇垣纒中将の特攻出撃

宇垣中将を乗せた指揮官中津留大尉は沖縄、伊平屋島に到達。第四目標である米軍泊地

○八月、闇（ヤミ）市発生。

九月二日　アメリカ戦艦「ミズーリ号」上で正式の降伏調印※式行われる。

九月　戦犯容疑、第一次逮捕命令出る。

九月十一日　東條英機陸軍大将逮捕。（自決失敗）

九月十三日　大本営廃止。

九月十五日　参謀本部（陸軍）、軍令部（海軍）廃止。

○十月初めストーナー中尉以下米軍三五名、豊川海軍工廠接収のため進駐、宿舎は蒲郡ホテル。

十月十六日　**豊川海軍工廠解廠。**

十一月三十日　陸軍省、海軍省廃止。

十二月十六日　**闇市、神明町へ移転。**

○東日新聞に（平成二十二年七月一日）寄稿した加藤豊氏（豊橋商業から学徒動員）の『嗚呼！学徒勤労報国隊』に「昭和二十年九月、専攻科の終了式をもって苦難に満ちた、学校生活は終わったが、こ

施設では約一万人の兵士たちが「戦争は終わった。もう爆撃はないと明々と電灯を付け、勝利を祝うビアーパーティー」をしていた。中津留大尉は突撃を回避してキャンプ地先の岩礁へ突入炎上。もう一機は水田に墜落炎上。他の六機も敵艦を前に突撃回避して自爆。自爆した八機には一八名

蒲郡ホテル

れから始まる戦後の苦しみの始まりであった」と書いている。

加藤氏にお会いしてお聞きしたところ、お金があっても食料を手に入れることはできなかった。農家にお願いしても供出※へ出さなくてはと売ってもらえず配給米ではとても足りずいつも腹をすかせていた。

戦後、約五百万人の将兵、在外邦人の帰還※が食糧事情をさらに悪化させた面もあった。米がまあまあ食べられるようになったのは、「昭和二十五年くらいからであった」とのことである。加藤氏の『…苦しみの始まりであった』とは、非農家の生きるための食糧確保のことである。(農家の一部はかなり横流ししていた)
○敗戦後、全国各地に露天市場が出現し、公定価格を無視して生活出需品が公然と闇価格で取引された。食料が極めて不足していた人びとは争って闇市に買出しに出かけた。
○終戦後、日本は現在とほぼ同じ「GDPの二倍超」の借金をして

が搭乗していた。残る三機はエンジン不調で不時着。中津留指揮官の賢明な判断で米軍に損害を与えることはなかった。(城山三郎著『指揮官たちの特攻』での見解)

降伏調印
東京湾内ミズーリ号上で、日本側全権は、外務大臣重光葵・参謀総長梅津美次郎であった。降伏文書に署名して約四年にわたった太平洋戦争が正式に終了した。当日、アメリカ軍の戦闘機千五百機、B29四百機が関東上空を旋回。

供出
昭和十七年、政府は「食糧管理法」に基づいて主要食料農産物を生産農家から強制的に買い上げた。米は供出米といった。

いた。事実上破綻国家となり、通過（円）の価値が大暴落。日本はハイパーインフレ※に見舞われた。

終戦の昭和二十年（一九四五）から四年で物価は約七十倍に高騰した。そこで、政府は国民の「預金封鎖」を突然断行した。それと同時に、タンス預金を使わせないため、新札を発行して旧札を使えなくする「新円切り替え」を実施。新円での引き出し可能額は、世帯主で月額三、〇〇〇円（当時大学卒の公務員初任給五四〇円）、家族は月額一〇〇円に制限された。（『週間ポスト』小学館 平成二十七年七月二十四日号より）

○昭和三十一年（一九五六）七月に発表された経済白書に、太平洋戦争後の日本の復興が終了したことを指して「最早戦後ではない」と記載され、流行語になった。

日本の極めて早い復興は、国民の努力は当然だが、皮肉にも朝鮮戦争特需※による経済的効果が大きかった。

ハイパーインフレにより
わたしの祖父母は「家には預貯金がたくさんある」と言っていた。しかし、二十六年頃には預貯金は全く無くなっていた。

在外邦人の帰還
昭和二十年・約三五五万人、二十四年までに約一五〇万人が帰還。

朝鮮戦争特需
一九五〇年六月韓国軍と北鮮軍が衝突、五三年七月休戦、参戦したアメリカ軍が必要とする物資を日本が供給した。

年表は、太田幸市氏の『豊橋軍事史叢話（上巻）』「豊橋軍事史年表」、『磯辺教育百年史』などを参考にしました。

主な参考・引用文献（出版年次順）

『前芝村誌』　前芝村誌編纂専門委員会／編　昭和三十四年
『ああ豊川女子挺身隊』　辻 豊次／編著　昭和三十八年
『豊橋市前芝小学校創立百周年記念誌「前芝小学校沿革史」』　鈴木英郎／編　昭和四十八年
『磯辺教育百年史』　磯辺教育百年史編集部／編　昭和五十一年
『学徒動員と豊川海軍工廠』　近藤恒次／著　昭和五十二年
『国府高校創立六十周年誌』　愛知県国府高等学校　昭和五十三年
『くるわの子』　三浦源八（元前芝国民学校教師）／著　昭和五十五年
『平和の礎』　豊橋市遺族連合会　昭和五十七年
『豊川海軍共済病院の記録　私たちの戦争』　大島信雄／編　昭和五十九年
『嗚呼　豊川海軍工廠　被爆四十周年』　粟生博／編　昭和六十年
『少国民はどう作られたか　若い人たちのために』　山中 恒／著　昭和六十一年
『「丸 別冊」太平洋戦争証言シリーズ15「終戦への道程　本土決戦記」』　潮書房　平成二年

『哀惜一〇〇〇人の青春　勤労学徒・死者の記録』　佐藤明夫／著　平成四年
ビデオ記録『語り継ぐ　豊川海軍工廠　大空襲』　八七会　平成四年
『最後の女学生　わたしたちの昭和』　豊橋市立高等女学校四五会／編　平成六年
『われらが青春の墓碑銘』　豊中五十回・時習一回同期生誌編纂委員会／編　平成六年
『母さんが中学生だったときに　増補版』　松操高等女学校　八・九回卒業生　平成六年
『豊川海軍工廠の記録　陸に沈んだ兵器工場』　八七会　平成七年
『淑子の日記　13歳・女学生は戦死した』　大林淑子／著　平成七年
『戦中の市民生活と戦後豊橋のあゆみ』　豊橋教育委員会　平成七年
『豊橋空襲体験記』　豊橋空襲を語りつぐ会／編　平成十二年
『甲飛電測二飛曹』　袖志会（海軍電測学校第一期甲飛電測練習生の会）／編　平成十五年
『豊川海軍工廠展 巨大兵器工場 終戦60年後の記録』　桜ヶ丘ミュージアム　平成十七年

『豊川海軍工廠資料集』　桜ヶ丘ミュージアム　平成十七年
『戦争の記憶』　北川裕子／聞き書き　平成十七年
『時習の灯 特別号「特集座談会・次世代に豊橋と海軍工廠の空襲を伝える」』　時習館同窓会東京支部／編　平成十八年
『豊橋軍事史叢話　上巻』　太田幸市／著　平成十九年
『軍都豊橋　昭和戦乱の世の青春に捧げる』　兵東政夫／著　平成十九年
『軍都豊橋終焉の1945年(昭和20年)』　太田幸市／著　平成二十二年
『時代との対話　寺島実郎対談集』　寺島実郎／編著　平成二十二年
『豊川海軍工廠』　桜ヶ丘ミュージアム　平成二十三年
『旧豊川海軍工廠近代遺跡調査報告書』　豊川市教育委員会　平成二十三年

その他の参考・引用文献

『軍参謀長の手記　比島敗戦の真相』　友近美晴／著　昭和二十一年
『レイテ戦記』　大岡昇平／著　昭和四十九年
『グラフィックカラー昭和史 6・7巻「太平洋戦争」』　研修出版　昭和五十二年

豊橋軍事史叢話

『「1億人の昭和史」日本の戦史シリーズ10巻』 毎日新聞社 昭和五十五年
『レイテ涙雨』 中日新聞社 小橋博史／著 昭和五十七年
『図説 昭和の歴史 7「太平洋戦争」』 昭和の歴史刊行会／編 昭和五十五年
『母さんが中学生だったときに 豊川海軍工廠・被爆学徒たちの手記』
松操高等女学校8・9回卒業生／編 昭和五十八年
『豊橋市政八十年史』 豊橋市政八十年史編さん委員会／編 昭和六十一年
『大本営参謀の情報戦記』 堀 栄三／著 平成元年
『もの食う人びと』 辺見 庸／著 平成六年
『図説 太平洋戦争』 太平洋戦争研究会／著 平成七年
『心に刻む歴史 ドイツと日本の戦後50年 ワイツゼッカー前独大統領講演詳録』
東京新聞出版局 平成七年
『少女の目が見た戦中の牟呂』 塩野谷鈴江(日色野町在住)／著 平成十年
『餓死した英霊たち』 藤原 彰／著 平成十三年
『ぼくら国民学校一年生』 林吉宏 他二名／著 平成十四年
『写真集―アメリカの爆撃機』 光人社 平成十四年
『評伝斎藤隆夫 孤高のパトリオット』 松本健一／著 平成十七年
『砂の記憶』 稲垣瑞穂／著 平成十八年
『検証戦争責任 Ⅰ・Ⅱ』 読売新聞戦争責任検証委員会／編 平成十八年
『愛知県宝飯郡・前芝村のころ』 庄田綾子／著 平成十九年
『昭和史 上・下』 半藤一利／著 平成二十一年
『特攻とは何だったのか』 三枝成彰・堀 紘一／著 平成二十一年
『それでも日本人は戦争を選んだ』 加藤陽子／著 平成二十一年

讃

中島三郎

（磯辺小学校元校長、豊橋市美術博物館元嘱託
『豊橋百科辞典』企画委員）

牧平興治君

「十三歳のあなたへ」上梓《じょうし》※おめでとうございます。

正史に記されることもなく、戦後七十年の歳月が経過し、前芝国民学校高等学校科生徒の豊川海軍工廠被爆死が記憶から忘れ去られようとしている。

かつては、戦場は、海の向こうの遠い所にあって、地図を広げてみても名も知らない所にあった。だが、太平洋戦争は平穏な三河の地も戦場と化した。太平洋戦争終戦の一週間前、豊川海軍工廠が爆撃されて二、六七〇余名の戦死者と一万名以上の負傷者を出した。

戦争の長期化による労働力不足を補うために勉学半ばの学生・生徒たちが海軍工廠に動員された。動員された愛知県下の学徒は六、四七九名で、高等科生徒の五〇四名を含んでいた。

動員された「少国民」の高等科生徒の五四名が尊い犠牲となった。

上梓
図書を版木にきざむこと。また、書物を出版すること。

年齢が低いということで夜勤はなく、全員が昼間の勤務であったため被曝死亡率が一〇・七%と高く、五四名中の一〇名が前芝国民学校高等科の生徒となっている。

　興治君

私と君とには、少《すこ》しく年齢の隔たりがあるが、年齢の差を意識することのない忘年の交流が続いている。「マキ君」「マキさん」と呼んで何の違和感もない間柄である。とりわけ、老妻と高校が同期ということもあり、親しみが一段と深まった。奥方が短歌でご活躍のことは承知していたが、煎茶《せんちゃ》の会でご一緒する機会を得て以来、家族ぐるみの交誼《こうぎ》※となった。

　君が津田小学校に勤務していた頃、勤務を同じくする甥の健治から兄事《けいじ》※に値する先輩としての君のことを伝聞していた。骨の硬い男、筋の通った男、細事《さいじ》をゆるがせ※にしない男…そんな君と交誼を結ぶようになったのは、出会いとご縁の不思議さによるものである。

　後で判ったことだが、私と君を結びつける同類項に「アブラハム・マズロー※」の教育観・人間観がある。私は、教育相談理念の行き詰ま

交誼
交際のよしみ。友人としての親しい交わり。

兄事
兄に対するように、敬意と親愛の気持ちをもつこと。

ゆるがせ
物事をいいかげんにしておくさま。心をゆるめるさま。おろそか。いいかげんなこと。なおざり。

アブラハム・マズロー
（一九〇八〜七〇）
アメリカの心理学者。人間性心理学の生みの親。

りからたどりついたのがマズローであった。君は学級経営の基本理念にマズローを求めた。教育観・人間観の基本を同じくする君との会話は、波長が合い楽しいものがある。

　君が訪ねてきた。

埋もれたまま、忘却の波に消されかかっている前芝国民学校高等科生徒の豊川工廠被曝記録を本にしてみたいとのことであった。君が手がけていた『農村歌舞伎（地歌舞伎）「澤村茂美次一座」の盛衰と日色野青年歌舞伎』が完了したかしないかの時であった。君は、前芝の地から悲劇の記録を後世に伝えないまま風化し消滅させてはならない。記録を残すなら被曝体験者、遺族、関係者が生存している「今のうちに」と熱っぽく語った。

　歳月は、十三歳の少国民を老いさせた。その遺族も関係者も等しく高齢化しており、確かな記録を残すとしたら今しかない。だが、豊川海軍工廠の被爆記は、何人かの先人が筆にしている。「学徒動員と豊川海軍工廠」「ああ豊川女子挺身隊」「豊川海軍工廠の記録 陸に沈んだ兵器工場」「豊川海軍共済病院の記録」「鳴呼豊川海軍工廠被

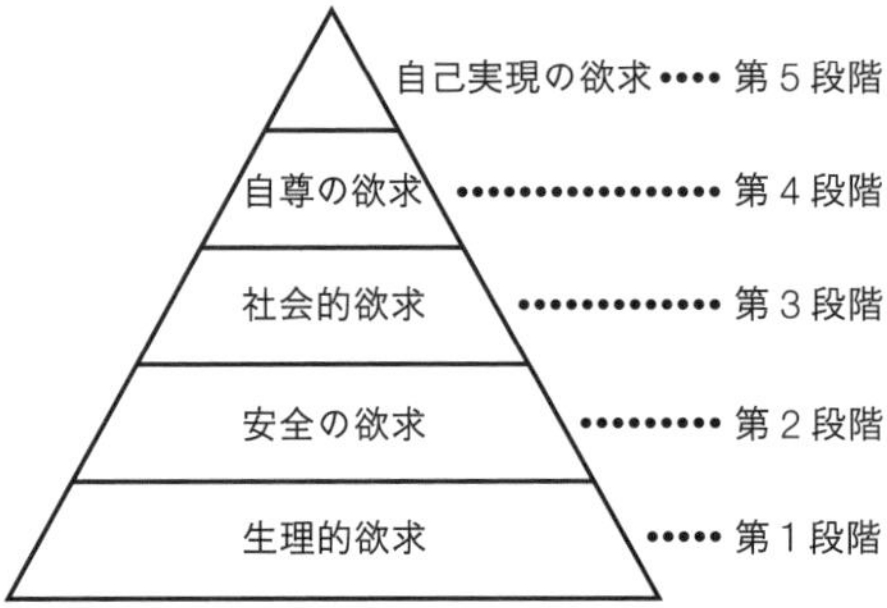

マズローの欲求５段階説

爆四十周年」「哀惜《あいせき》一〇〇〇人の青春」「われらが青春の墓碑銘」「淑子の日記」等など…

マキ君　君の思いはわかった。

書くならマキ君でなければ書けない、マキ君ならではのものであって欲しい。素材はオリジナル、そして地域に密着したローカル性、中学二年生の読解力で読みこなす平易な記述であってもらいたい。書くなら今をおいてない。やってみるか！

この言葉は、私が曲尺手《かねんて》門の編集企画の折、師事した故兵東政夫《ひょうどうまさお》先生から諭された言葉である。地方史の命は、オリジナリティ、ローカリティと親しみ易さ・読み易さにあると教えられた。

以後、草稿を持って何度も来て下さった。誰も手を付けなかったオリジナルな生素材、取材先、情報提供者はみんな地域のお方、教員上がりの執筆はともすると文体が硬くなりがちであるが、前芝地域の高齢者の使う方言まじりの文章は親しみと人肌の温もりを伝えるものがあった。

そんな時の君

実に活き活きと輝いていた。来る時も、帰る時も踵《かかと》から砂塵が立ち昇るかのようにせわしげであった。「読んで下さい」と一次稿を届けて下さった。「十三歳のあなたへ」揮毫《きごう》※は岡崎ゆき子先生、表紙は竹尾節男先生の手になるものであり、君の人脈の豊潤《ほうじゅん》さを物語っていた。上梓の日が楽しみであった。

私事にわたるが、私も姉が豊川海軍工廠で被爆死した遺族の一人である。毎年、八月七日の慰霊祭には慰霊塔に香華《こうげ》を捧げている。

炎天下　友の名なぞる慰霊塔

海を越えて爆撃機が爆弾の雨を降らせ、市民・非戦闘員を犠牲にする無差別攻撃の悲惨な様相を呈した。

遠く金沢の地から参列のお方とお話しする機会を得た。学徒動員により海軍工廠で働いていた。同期生のほとんどが被爆死した中で奇跡的に命拾いなされたとのことであり、毎年、慰霊のためにおいでになられている。高齢のため、来年は来られるかどうかおぼ

揮毫
毛筆で書画をかくこと。

つかないと寂しげに語られた。

　七十年の歳月で、記憶は社会構造の変化と生活様式の変貌の波に飲み込まれ、消滅しかかっている。豊川海軍工廠被爆の犠牲者、一〇名の生徒の「戦没学徒の碑」について語り得る人が、前芝の地でも数が少なくなっている。

　牧平君の「十三歳のあなたへ」、僅かではあるが、記憶が残っている時の上梓であり、貴重な記録である。おりしも、海軍工廠被爆跡地に「平和資料館(仮称)」建設の機運が昨秋から具体化している。名古屋大学研究所敷地内には、爆撃の激しさを物語る遺構も残っており、後世に語り継ぐ遺構の保存が豊川市によって進められつつある。

　「十三歳のあなたへ」を多くの方たちに是非とも読んで頂きたいと念願する次第である。平和の尊さを実感する一つの機縁にして頂きたく思う。

十三歳のあなたへ

一九四五・八・七　「豊川海軍工廠」の悲劇

改訂版

編著　牧平興治

監修　太田幸市

編集　春夏秋冬叢書

二〇一五年八月十五日　第一版発行

二〇一七年八月七日　第二版発行

発行者　味岡伸太郎

発行所　春夏秋冬叢書　愛知県豊橋市菰口町一－四三

〒四四一－八〇一一

電話　〇五三二－三三－〇〇八六

URL　http://www.h-n-a-f.com

印刷所　株式会社豊橋印刷社

定価　本体一二〇〇円（税別）

編著　牧平興治

前芝村にて育つ。

昭和三十九年三月、愛知学芸大学を卒業、教職に就く。

総代会創立五十周年記念誌『校区のあゆみ 前芝』の「自然と環境」執筆。

平成二十一・二十二年度、民生委員児童委員協議会から二年指定を受け、「災害時一人も見逃さない支援体制作り」を校区ぐるみで確立。

父親がフィリピンで戦死したことから太平洋戦争の研究に努める。

監修　太田幸市（豊橋市）

昭和三十二年、中央大学法学部卒業。

昭和五十年、社団法人 豊橋文化協会専務理事就任。

元三遠戦跡懇談会代表、軍事史学会会員。

豊橋軍事史研究で「ふるさと豊橋一番の認定」を愛市憲章より受ける。平成二十七年三月死去。

主著「豊橋軍事史叢話（上巻）」、「軍都豊橋の終焉 1945（昭和20年）」

表紙絵　竹生節男（前芝中学校元教員）画家
題　字　岡崎ゆき子（大林淑子さんの姉）書家・俳人
写真提供　豊川市桜ヶ丘ミュージアム
春夏秋冬叢書
JASRAC　出 1507170-702

ISBN978-4-901835-44-2 C0095